HÁBLAME DE TI

Andrea Camilleri

HÁBLAME DE TI

Carta a Matilda

Traducción del italiano de
Carlos Mayor

narrativa
salamandra

Título original: *Ora dimmi di te. Lettera a Matilda*
Ilustración de la cubierta: *Niña bailando* © Ferdinando Scianna/Magnum Photos/Contacto
Copyright © Giunti Editore S.p.A. / Bompiani, Firenze-Milano, 2018
www.giunti.it / www.bompiani.it
Copyright de la edición en castellano © Ediciones Salamandra, 2019
Ediciones Salamandra
www.salamandra.info

HÁBLAME DE TI

Matilda, querida mía:

Te escribo esta larga carta a pocos días de cumplir noventa y dos años, cuando tú tienes casi cuatro y todavía no sabes lo que es el alfabeto.

Espero que puedas leerla en la plenitud de tu juventud.

Te escribo a ciegas, tanto en sentido literal como figurado. En sentido literal, porque en los últimos años la vista me ha ido abandonando poco a poco. Ahora ya no puedo ni leer ni escribir, sólo dictar. En sentido figurado, porque no consigo imaginarme cómo será el mundo dentro de veinte años, ese mundo en que te tocará vivir.

Y es que, querida mía, en las tres últimas décadas las transformaciones que se han producido a mi alrededor han sido muchas, algunas de ellas absolutamente inesperadas y repentinas. El mundo ya no tiene el mismo aspecto que en mi juventud y mi madurez. Han contribuido a ello los cambios políticos, económicos, civiles y sociales, los descubrimientos científicos, el empleo de la tecnología más avanzada, las grandes migraciones de masas de un continente a otro o el relativo fracaso de nuestro sueño de una Unión Europea.

¿Y por qué siento la necesidad imperiosa de escribirte?

Respondo a mi propia pregunta con cierta amargura: porque tengo plena conciencia, debido a mi provecta edad, de que no se me concederá el placer de verte madurar día a día, de escuchar tus primeros razonamientos, de asistir al crecimiento de tu cerebro. En resumen: me resultará imposible hablar y dialogar contigo. Así pues, estas líneas mías pretenden ser un pobre remplazo de ese diálogo que nunca existirá entre nosotros. Por eso, antes que nada, considero necesario hablarte un poco de mí. Quizá Alessandra, tu madre, te cuente algo, pero prefiero ser yo quien te hable de mí y de mis tiempos con mis propias palabras, aunque (así lo deseo de todo corazón) algunas de ellas, como, por ejemplo, «nazismo», «fascismo», «racismo», «campo de concentración», «guerra» o «dictadura», te resulten remotas y obsoletas.

Nací en 1925 en Porto Empedocle, un pueblecito del sur de Sicilia habitado principalmente por pescadores, trabajadores portuarios, carreteros y campesinos. Había poquísimos oficinistas y aún menos comerciantes. Cuando empecé la escuela primaria, me encontré en una clase con niños de mi edad que en su mayor parte vivían en condiciones de semipobreza. Imagínate, los hijos de los campesinos iban al colegio con los zapatos colgados del cuello para no gastarlos y no se los ponían hasta el momento de entrar en el aula. Creo que nunca llegué a comerme entero el almuerzo que mi madre me ponía todas las mañanas en la cartera. Lo compartía casi siempre con mis compañeros, incapaz de soportar sus miradas de hambre y envidia.

Cuando nací, Benito Mussolini llevaba tres años en la Jefatura del Gobierno italiano y estaba sometiendo rápidamente al país al régimen de la dictadura fascista. Como supongo que ese término, «fascista», te resultará bastante difícil de entender, voy a intentar explicarte lo que sucedió en aquellos años.

En 1918, el final, victorioso para nosotros, de la Gran Guerra debería haber traído a Italia, en teoría, un período de tranquilidad económica y social. Pero las cosas no sucedieron así. Los soldados que volvían del frente tenían dificultades para encontrar trabajo, ya que la transformación en industria de paz de lo que, durante muchos años, había sido la industria bélica no se hizo con rapidez. Además, la relación entre patronos y trabajadores era manifiestamente conflictiva. De todas las promesas hechas a los soldados durante la guerra, no se había mantenido ni una sola. Eran muy habituales los enfrentamientos entre policía y veteranos, o entre policía y obreros. Se llegó al punto de que los terratenientes del Centro-Norte y algunas industrias importantes decidieron que era indispensable una vuelta al orden. Sin embargo, hacía falta una persona que tuviera el carisma necesario y que pudiera ser absolutamente fiel al mandato que se le confiaría. Su elección recayó en un antiguo líder socialista que había dirigido el periódico del Partido Socialista Italiano *Avanti!* Se llamaba Benito Mussolini: había sido un ardoroso defensor de la guerra y más tarde había luchado en primera línea. Para no extenderme demasiado, sólo te diré que Mussolini reagrupó a su alrededor a todos los antiguos combatientes y al sector de la burguesía, que veía un peligro real en el obrero descontento. Inspirándose en la simbología de los antiguos romanos, fundó los Fascios Italianos de Combate, cuyos miembros vestían camisa negra, iban armados con porras y tendían a la violencia. Los llamaban «escuadristas». En poco tiempo, muchas sedes de organizaciones socialistas fueron pasto de las llamas y hubo violentas confrontaciones con muertos por ambas partes. Además, en 1921 se produjo una escisión en las filas socialistas de la que nació el Partido Comunista de Italia, el PCI, cuyo primer secretario fue Antonio Gramsci. Los comunistas se convirtieron en el blanco preferido de los fascistas.

En 1922, Mussolini comprendió que podía contar con el apoyo de la gran mayoría de la población italiana. Así, el 28 de octubre de ese año, con miles de afiliados a su partido, organizó la llamada «marcha sobre Roma». La situación era gravísima. A las puertas de la capital, los fascistas se toparon con las tropas del ejército italiano. Llegados a ese punto, la guerra civil era inevitable. El primer ministro Facta acudió al rey para decretar el estado de sitio, es decir, para conseguir la autorización para que los soldados dispararan a los fascistas. En ese enfrentamiento, el fascismo sin duda habría quedado aplastado, pero, en lugar de eso, el rey tomó una decisión inesperada y no sólo no firmó el decreto del estado de sitio, sino que incluso recibió a Benito Mussolini en el Palacio del Quirinal, donde le encargó formar gobierno. En aquel momento, Mussolini demostró cierta astucia política, ya que también incluyó en su primer gobierno a liberales, demócratas y socialistas. Sin embargo, todo aquello duró muy poco y enseguida quedó claro que Mussolini aspiraba a ejercer el mando en solitario. La situación se agravó en 1924 al ser asesinado el diputado socialista Giacomo Matteotti, uno de los adversarios más lúcidos y audaces de Mussolini. Ante aquel asesinato político, buena parte del país reaccionó negativamente y Mussolini vio cómo su poder se tambaleaba, pero con la ayuda de sus escuadristas más alborotadores y violentos, en poco tiempo logró afianzar su posición.

A partir de aquel momento, en Italia el fascismo se transformó en una auténtica dictadura. Mussolini disolvió la Cámara de Diputados y el Senado para crear la Cámara de los Fascios y las Corporaciones, formada por incondicionales; prohibió la publicación de los periódicos de izquierdas; ordenó detener a Antonio Gramsci (al que luego prácticamente dejó morir en la cárcel); y sofocó con violencia cualquier manifestación de disconformidad. Como necesitaba jóvenes para sus objetivos expansionistas, inició una política demográfica un tanto descabellada que premiaba a las familias que tuvieran más hijos, eximía del pago de impuestos a los matrimonios jóvenes que en menos de un año dieran, como se decía entonces, «un hijo a la patria», y gravaba la soltería. Se produjo entonces un curioso fenómeno, y es que, con la excepción de unos pocos políticos que huyeron al extranjero, el fascismo conquistó con rapidez el favor de casi todos los italianos. Después Mussolini tensó aún más la cuerda: quiso que todos los empleados del Estado juraran fidelidad al régimen fascista y se sacaran el carnet. Todos, y digo bien, todos los funcionarios del Estado, desde los maestros de escuela primaria hasta los profesores de universidad, desde los magistrados hasta los ujieres, obedecieron la orden. Hay que señalar, para su eterno mérito, que hubo veinticuatro profesores universitarios que se negaron a jurar lealtad y por ello fueron expulsados de su cátedra. En 1925, cuando, como te decía, nací yo, el fascismo era ya una dictadura consolidada. Había alistado tanto a los niños como a los jóvenes en organizaciones paramilitares. Los sábados nos poníamos el uniforme fascista e íbamos a hacer maniobras. En su momento, entré a formar parte de la Obra Nacional Balilla; nuestro lema era «Libro y mosquetón, fascista a la perfección», aunque en realidad mis compañeros leían poquísimos libros o sencillamente no leían en absoluto.

Yo, en cambio, era una excepción. A los cinco años ya había aprendido a leer y a escribir con ayuda de mi madre y de mi abuela materna, Elvira; a los seis, ya había hincado el diente a la biblioteca de mi padre, que estaba muy bien surtida. Así, empecé a leer no libros infantiles o juveniles, sino de adultos, las novelas importantes. Mis primeras lecturas fueron, de hecho, Conrad, Melville y Simenon. Y ya no paré de leer. No dejaba de sorprenderme la forma en que las palabras escritas me llegaban al cerebro, casi como si me las hubieran dicho en voz alta: aquel milagro me fascinaba. En el colegio, los maestros nos repetían a diario el lema mussoliniano, «Creer, obedecer, combatir», y ensalzaban la inteligencia del Duce, que era como se hacía llamar Mussolini, y su voluntad de engrandecer Italia. Todos los sábados, después de las maniobras, nos llevaban a la iglesia, donde el cura nos enseñaba el catecismo, aunque no dejaba escapar la oportunidad de recordarnos que el Papa había descrito a Mussolini como «el hombre enviado por la providencia» divina, por lo que había que seguirlo ciegamente. Así pues, era inevitable que a los diez años yo fuera un ferviente fascista, hasta tal punto que, cuando en 1935 Mussolini declaró la guerra a Abisinia, le escribí pidiéndole autorización para ir como voluntario al campo de batalla. Para mi sorpresa y alegría, recibí una carta de respuesta en la que me decía que todavía era demasiado joven.

Al año siguiente, en 1936, estalló una segunda guerra, la de España, que marcó una especie de línea divisoria entre fascistas y antifascistas. Y es que, por aquel entonces, la mayor parte de Europa estaba en manos de dictaduras y no de gobiernos democráticos: en Rusia, Stalin; en Italia, Mussolini; en Alemania, Hitler; en Portugal, Salazar. Con la Guerra Civil española surgió un nuevo dictador, Francisco Franco. En todo el continente sólo quedaban dos grandes democracias, Francia y el Reino Unido, de modo que el enfrentamiento entre esas ideologías opuestas se hizo inevitable, y en 1939 los planes expansionistas de Hitler provocaron el estallido de la Segunda Guerra Mundial.

Cuando, en 1940, los italianos acabamos entrando en la contienda como aliados de Hitler, ya no me mostré tan entusiasta, puesto que en casa había visto a mis dos abuelas llorar en silencio. En la guerra anterior, cada una de ellas había perdido a un hijo en el campo de batalla.

—La guerra —me decía la abuela Elvira mientras me acariciaba— es siempre algo horroroso.

Por aquella época, también mi padre se paseaba por casa con gesto sombrío, y una mañana oí cómo le decía a mi madre que la declaración de guerra había sido un error espantoso de Mussolini. Me quedé atónito. Papá había luchado en primera línea en la guerra de 1915 a 1918, y luego había sido fascista de primera hornada. Así pues, no podía dejar de preguntarme, si Mussolini era infalible, como afirmaban los jerarcas fascistas, si Mussolini era el hombre de la providencia enviado por Dios para el bien de Italia, como predicaban los curas en el colegio, ¿cómo había podido cometer tal error?

Ésa fue, en realidad, la segunda fisura de mi fe fascista. La primera se había producido poco antes, en 1938. Una mañana, en el colegio, un compañero que se llamaba Ernesto Pera fue a despedirse de mí al acabar las clases.

—A partir de mañana ya no nos veremos —me dijo—, no puedo seguir viniendo a este colegio.

Como era hijo de un ferroviario, le pregunté si habían trasladado a su padre.

—No —me contestó—, no puedo seguir viniendo porque soy judío.

¿Y por qué un judío no podía ir al mismo colegio que yo? Al volver a casa al mediodía le pedí explicaciones a mi padre, que al instante se puso colorado y, con voz alterada, replicó:

—No debes creerte esas estupideces sobre los judíos; los judíos no tienen nada distinto a nosotros, son exactamente como nosotros. Esa historia de la raza es un invento de Hitler. Y Mussolini no ha querido ser menos. Pero no te creas lo que te digan. Todos somos iguales.

Y ahora, a los noventa y dos años, tengo que decir que nunca dejaré de estar agradecido a mi padre por esas palabras.

Lo que dio el golpe de gracia a mi fe fascista fue el encuentro internacional de las juventudes nazis y fascistas que se celebró en el Teatro Municipal de Florencia en la primavera de 1942. Desde primera hora, el teatro se abarrotó de jóvenes procedentes de todas partes de Europa, naturalmente de la Europa ocupada por los nazis: griegos y polacos, húngaros y rumanos, albaneses y eslavos y, por descontado, una abundante representación de la juventud alemana. Íbamos todos de uniforme. A mí, que sentía una pasión precoz por el teatro, me pidieron que presentara un repertorio adecuado para la juventud fascista.

El segundo día del encuentro se produjo un incidente. Al alzarse el telón, descubrí con estupor que, como único decorado, había una enorme bandera nazi, cuando el día antes se había colocado a su lado también la italiana. Ante aquella visión, tuve una reacción tan violenta como inesperada incluso para mí. Me levanté y me puse a gritar:

—¡Que quiten esa bandera! ¡O, al menos, que pongan también la nuestra!

Se produjo un silencio absoluto y, un instante después, de forma completamente espontánea, muchos jóvenes se pusieron a aplaudir mis palabras. El telón se bajó de inmediato, aunque no tardó en volver a levantarse. Allí estaban las dos banderas. Estalló un aplauso ensordecedor. Entonces entró la delegación de jerarcas italianos y alemanes y ocupó su lugar detrás de la larga mesa situada en el escenario. Se levantó para tomar la palabra en primer lugar Alessandro Pavolini, a la sazón ministro de Cultura Popular; al final de su discurso, bajó a la platea y empezó a recorrer el pasillo central en dirección a la salida. Yo estaba sentado en una butaca que daba precisamente al pasillo y, al pasar a mi lado, me hizo un gesto con la mano derecha para que lo siguiera. Me levanté y fui tras él. Salimos al vestíbulo, que estaba desierto. El ministro se detuvo, se volvió para mirarme y me dijo:

—Ven aquí, gilipollas.

En cuanto estuve delante de él, levantó la pierna derecha y me propinó una patada fortísima con la bota en el bajo vientre. Acto seguido dio media vuelta y se marchó. Me quedé en el suelo, gimiendo de dolor, pero dos de mis compañeros, Gaspare Giudice y Luigi Giglia, que habían sospechado las intenciones del ministro, nos habían seguido y fueron ellos los que llamaron a un taxi y me llevaron al hospital.

Volví al teatro al cabo de dos días, para la ceremonia de clausura. Hablaba Baldur von Schirach, líder de las Juventudes Hitlerianas, y, como el tema del encuentro era «La Europa del mañana», describió cómo debía ser el continente según la ideología nazi. Poco a poco, a medida que hablaba, iban entrándome sudores fríos: delante de mis ojos, Europa se transformaba en un enorme cuartel gris sin otro color que los uniformes nazis y con un único libro que estábamos todos obligados a leer, *Mein Kampf* (*Mi lucha*), escrito por Adolf Hitler. Mientras Von Schirach seguía con su exposición, yo me preguntaba: «¿Y mis autores? ¿Y mi Gógol? ¿Y mi André Gide? ¿No podré volver a leerlos? ¿Tendré que leer sólo a autores alemanes "autorizados" y ponerme siempre este uniforme que llevo ahora?»

Cuando, en el viaje de regreso a Sicilia, repasé mentalmente el discurso de Von Schirach, deseé, preso de un temor terrible, que aquella Europa soñada por los nazis no llegara a hacerse realidad, que su ideal fracasara. Ése fue el principio de mi gran crisis. Pasaba las noches en vela, no podía confiar en nadie por miedo a que me denunciaran. Estaba realmente angustiado, había adelgazado mucho, comía con desgana, ya casi ni hablaba con mis compañeros. Me daba cuenta de que hacerme fascista había supuesto un error garrafal, pero me sentía como una especie de traidor, sobre todo ante mi padre, que seguía creyendo en el fascismo, aunque fuera a su manera.

Aquella crisis duró meses y meses. Al final, una mañana, me di cuenta de que me había liberado por completo de las ideas fascistas. Ya no tenía ni escrúpulos ni dudas. Además, justo en esa época cayó en mis manos un libro que había escapado de milagro a la censura. Era *La condición humana*, de André Malraux. Lo leí. Creo que aquella noche algo en mi cerebro se desplazó. Me entró una ligera fiebre. En aquel libro descubrí que los tan odiados comunistas eran gente como nosotros, gente que no se diferenciaba en nada de nosotros, que no se comía a los niños y que tenía ideales igual que yo. Entre los libros de mi padre había una especie de resumen de *El capital*, de Karl Marx, que cogí y empecé a leer. Estaba también el famoso *Manifiesto*, que empezaba así: «Un fantasma recorre Europa...» Comprendí que aquellas ideas casaban con lo que sentía en mi interior. Ya en primaria me había parecido injusto llevar los zapatos relucientes mientras mis compañeros iban descalzos, o tener un abrigo de lana en invierno cuando ellos llegaban al colegio a cuerpo con una camisa raída y rasgada. Eran ideas confusas, pero en mi interior el sentimiento de injusticia estaba claro. No era justo que no empezáramos todos igual, que algunos dieran sus primeros pasos en la vida con desventaja, que su destino de pobres ya estuviera escrito. No, no era justo. Y así fue como, poco a poco, empecé a hacerme comunista en pleno régimen fascista.

Perdida la fe en el fascismo, casi al mismo tiempo empezó a hacer agua mi tímida fe religiosa, ya que, en los últimos años, Iglesia y régimen se habían identificado totalmente.

Acabé el tercer y último curso del bachillerato en abril de 1943. El 1 de julio me llamaron a filas con un año de antelación. Mi familia se había mudado a un pueblo del centro de Sicilia para evitar los bombardeos que nos azotaban día y noche. En Porto Empedocle sólo se había quedado mi padre. Yo me incorporé a la base naval de Augusta, aunque únicamente pasé allí nueve días y no llegué a embarcar. La noche del 9 al 10 de julio me enteré, gracias a un compañero, de que las fuerzas británico-estadounidenses estaban desembarcando en Sicilia. Decidí desertar de inmediato: me fui del refugio militar, pedí a un camionero que me llevara y, tras dos días de infierno, conseguí reunirme con mi familia. Ante el primer carro de combate americano que vi aparecer me eché a llorar. Me invadía un sentimiento contradictorio: por un lado, estaba exultante por la derrota definitiva del fascismo y del nazismo, pero, por otro, ver avanzar un carro de combate extranjero por mi tierra me provocaba un intenso dolor. Los soldados aliados estadounidenses que desembarcaron en Sicilia y la conquistaron eran, técnicamente hablando, los que habían ganado la guerra, mientras que nosotros la habíamos perdido.

Aun así, aquellos soldados fueron recibidos por toda la población con alegría y entusiasmo. Representaban el fin de una pesadilla. En los últimos meses, los bombardeos habían sido incesantes, tanto de noche como de día, y las vías de comunicación habían acabado destruidas. Ya no quedaban víveres, no había forma de encontrar medicamentos. Su llegada significó el final de la guerra, pero también algo mucho más importante: la libertad. Los llamaron «libertadores» porque nos liberaban de más de veinte años de dictadura fascista y nos devolvían la democracia.

Viví aquellos primeros días de libertad en un estado de embriaguez. Creo que tuve todo el rato una especie de sonrisa boba estampada en la cara. Era como un viento cálido que te acariciaba el rostro, el cuerpo. Me extasiaba saber que por fin podía tener ideas no inducidas y expresarlas con franqueza, y tal vez conocer a gente que no pensara como yo, pero con la que fuera posible conversar, discutir incluso animadamente, sin miedo a que oídos ruines y ocultos te oyeran y corrieran a denunciarte a la policía política. El viento de la libertad nos empujaba hacia delante. Vivíamos en un país arrasado, sin industria, sin líneas férreas, carente de todo lo que uno pueda imaginarse; y, no obstante, en nuestro fuero interno, estábamos convencidos de que aquel período iba a concluir en breve. De que Italia sería capaz de resurgir de sus ruinas. Y lo más extraordinario de aquellos días, meses y años fue que, en los momentos críticos, todos, sin importar el partido político al que perteneciéramos, trabajamos codo con codo en esa reconstrucción.

Mi alegría llegó a su punto culminante cuando el 25 de abril de 1945 la totalidad de Italia quedó liberada del nazismo, gracias a todos los que durante aquellos años habían empuñado las armas para luchar contra los alemanes: la resistencia, los partisanos. Por desgracia, yo, al estar en Sicilia, había quedado al margen de ese gran movimiento renovador.

Tengo que volver un poco atrás. Cuando iba a la escuela primaria era un niño débil y enfermizo, mientras que todos mis compañeros, a pesar de la pobreza en la que vivían, gozaban de buena salud. Nunca fui víctima de lo que hoy se llamaría acoso escolar, aunque lo cierto es que me miraban con cierta conmiseración. Por eso un buen día decidí ponerme al mismo nivel que mis compañeros y empecé a participar en los juegos a los que se dedicaban al salir del colegio, que eran francamente arriesgados. Mi clase estaba dividida en dos bandos que con frecuencia entablaban batallas a pedradas: yo me sumé a uno de los dos y, en poco tiempo, llegué a ser el cabecilla. Por descontado, las batallas de las tardes no me dejaban demasiado tiempo para los deberes escolares, de modo que los maestros empezaron a quejarse a mis padres y me castigaban con frecuencia. Al acabar la primaria, me matricularon para cursar la secundaria en el colegio Empedocle de Agrigento. Todas las mañanas, a las siete y media, me subía al coche de línea que me llevaba a la capital de la provincia. Nos congregábamos centenares de chicos en piazza San Francesco, donde estaba el colegio, y nos dedicábamos a intercambiar noticias sobre lo sucedido en los distintos pueblos de los que procedíamos.

Cuando iba a segundo, una mañana, nada más sonar el timbre que indicaba el principio de las clases, no sé por qué, me di media vuelta y, en lugar de entrar en el aula, me fui a corretear. Aquello se repitió al día siguiente y al otro. Daba largos paseos por el campo, llegaba al valle de los Templos y allí me quedaba a leer alguna novela a la sombra de las columnas griegas. En pocas palabras: me pasé un trimestre entero sin poner un pie en el colegio. Cuando pensaba en el aula, se transformaba ante mis ojos en una celda carcelaria horripilante; sentía la necesidad de vivir al aire libre sin obedecer ninguna regla, tan sólo las que de vez en cuando me ponía yo mismo. Al acabar el trimestre, cuando dieron las notas, me habían puesto «no evaluable» debido a las muchas faltas de asistencia. ¿Cómo podía llevar aquel boletín a casa? Fui y compré un paquete de *scolorina*, un compuesto químico que borraba la tinta de la escritura sin dejar ningún rastro. La operación salió a la perfección y me puse unas notas mediocres bastante compatibles con las del trimestre anterior. A la hora de comer, mi padre, que nunca se había interesado por mis estudios, me preguntó:

—¿Hoy te han dado las notas?

Esa pregunta debería haberme puesto la mosca detrás de la oreja, pero en lugar de eso piqué.

—Sí, papá.

Me levanté, fui a por la cartera, saqué el boletín, se lo tendí y me quedé a su lado. Mi padre lo abrió, lo miró y, sin decir palabra, me arreó su primer y último bofetón. Un bofetón potente con el que me estampó contra la pared. Luego se volvió hacia mí, que estaba hecho un mar de lágrimas, y me dijo que el director ya lo había avisado de mi lamentable rendimiento en el colegio. Evidentemente, no podía firmar de ningún modo aquel boletín fraudulento, así que recurrió a una estratagema. Vertió medio frasquito de tinta china sobre el papel, con lo que tapó por completo mi falsificación, y a la mañana siguiente me acompañó a ver al director para explicarle que, cuando iba a firmarlo, se le había volcado el tintero. Pero lo pagué muy caro.

Pese a que era hijo único, mimadísimo y casi venerado, me mandaron al Internado Episcopal de Agrigento. Todas las noches, antes de acostarme, miraba desde mi dormitorio las luces lejanas de mi pueblo a la orilla del mar y me echaba a llorar. Al poco tiempo empecé a sufrir el síndrome de la evasión. Una vez descubrí una vía de escape que me habría llevado a campo abierto, pero, al saltar un murete interno del internado, caí mal y tuvieron que rescatarme los vigilantes. Entonces se me ocurrió cometer toda una serie de infracciones del reglamento interno para que me echaran. Las cometí y me castigaron con dureza, pero no logré nunca la ansiada expulsión. En el segundo año, me convencí de que tenía que hacer un gesto drástico, absolutamente irreparable, para que los curas se vieran obligados a abrirme la puerta de lo que ya consideraba, sin ambages, una cárcel. La comida que nos daban era bastante escasa, de modo que mi madre se preocupaba de mandarme huevos frescos todas las semanas y yo, a la hora de comer, pasaba por delante de la gran cocina y entregaba dos al cocinero. Sin embargo, un día me los quedé en la mano. Era el primero de la larguísima fila y, mientras esperábamos la orden de ir a sentarnos a las mesas, al levantar la vista vi en la pared de delante el enorme crucifijo que presidía el refectorio. Cerré los ojos, reuní todo el valor que tenía y arrojé el primer huevo contra el crucifijo. Le di, lo recuerdo perfectamente, en el ojo izquierdo. Sin perder un segundo, lancé el otro, que fue a estamparse contra el tórax. Hubo un momento de silencio. El tiempo quedó suspendido. Luego, entre un vocerío confuso de horror y rabia, todos mis compañeros se abalanzaron sobre mí para pegarme salvajemente. Fue una especie de linchamiento del que me salvaron los curas. Por descontado, me expulsaron para siempre, aunque durante meses y meses todas las noches me despertaba sudando y asustado por el acto sacrílego que había cometido.

En el bachillerato no estaba entre los mejores, ni mucho menos. Incluso me suspendieron en Educación Física, y no porque no participara en las duras pruebas gimnásticas a que nos sometían, sino por una broma desafortunada que le hice al profesor, un fanático fascista. En el gimnasio tenía por costumbre azuzarme constantemente con esta frase:

—¡No desfallezca, Camilleri! ¡No desfallezca! ¡Venga, al potro! ¡Venga, a los cien metros lisos! ¡Venga, al salto con pértiga!

Hasta que un día, exhausto, le dije:

—Perdone, profesor, pero se confunde de verbo.

Se quedó mirándome, perplejo, y luego me preguntó:

—¿Y qué verbo debería usar, según tú?

Le contesté:

—¡Fallezca, Camilleri! ¡Fallezca!

Hombre de escaso sentido del humor, se puso furioso, me suspendió y tuve que presentarme a la recuperación en octubre.

Después, en el tercer año del bachillerato, me sucedió algo mucho más grave. Una mañana, el director nos comunicó que a las diez se darían por terminadas las clases porque teníamos que ir a colocarnos a lo largo de la via Atenea, que era la avenida principal de Agrigento, para aplaudir el paso del coche del príncipe heredero Humberto, de visita en la ciudad. Estábamos en plena guerra. Yo tenía a mi lado a mi amigo y compañero de clase Luigi Giglia, en quien, entendiéndonos más con miradas que con palabras, había descubierto un común desmoronamiento de la fe en el fascismo. Así pues, un instante antes de que, en su lentísimo avance, el automóvil descapotado del príncipe llegara a nuestra altura, nos miramos y nos comprendimos al vuelo. Subimos los dos al estribo de un salto y le gritamos a Humberto a la cara:

—¡Libérenos de Mussolini!

De inmediato, sus escoltas nos agarraron y nos llevaron a la jefatura de policía. Una vez allí, el jefe superior nos pegó un buen rapapolvo, pero nos dejó marchar. Sin embargo, al día siguiente el director vino a decirnos que iba a solicitar nuestra expulsión del Partido Fascista. Eso significaba nuestra ruina civil; de hecho, sin el carnet no podríamos asistir a ningún colegio. No me atreví a contárselo a mi padre. Al cabo de tres días, sonó la alarma aérea. El director había dispuesto que, cuando se oyeran las sirenas, una brigada compuesta por diez alumnos saliera antes que nadie para organizar ordenadamente la evacuación hacia el refugio.

Mi puesto, al igual que el de Luigi Giglia, estaba al principio de la temblorosa escalerilla de madera que conducía al refugio subterráneo. Ocupamos las posiciones asignadas, pero entonces sucedió algo inédito. Hasta aquel momento, sólo había habido falsas alarmas, ya que los aviones británicos y estadounidenses se habían limitado a sobrevolar la ciudad; en aquella ocasión, en cambio, empezaron a arrojar bombas y en el colegio se desencadenó el caos. La mayoría de los alumnos vivía en pueblos del interior y nunca se había encontrado bajo un bombardeo, mientras que yo había presenciado la transformación de Porto Empedocle por los continuos ataques aéreos, ya que en el puerto había muchísimos buques de guerra. En consecuencia, los chicos fueron presa del pánico, se lanzaron a una carrera desesperada para entrar en el refugio y arrollaron a las chicas, a las que, desde nuestro extremo de la escalerilla, veía caer pisoteadas. A mi lado había una silla de paja, así que la agarré y, como enloquecido, empecé a agitarla en el aire y me puse a dar golpes a diestra y siniestra. Con la ayuda de Luigi Giglia, logré cortar el paso a los chicos y poner un poco de orden, y luego recogimos a las chicas heridas y las bajamos. A la mañana siguiente, el director entró en nuestra clase y anunció que no iba a presentar la solicitud de retirada del carnet fascista ni para mí ni para Giglia, puesto que nos habíamos comportado con mucho valor.

Acabé los estudios sin tener que pasar por el temido examen de bachillerato, que aquel año se suspendió porque los americanos ya habían llegado a Lampedusa y podíamos oír el estruendo de los cañonazos.

Durante el bachillerato había trazado un plan: quería ir a la Universidad de Florencia, donde había profesores que me gustaban y de los que ya había leído algunas publicaciones. Para poder vivir allí, había conseguido, gracias a un amigo de mi padre, un trabajo remunerado como aprendiz de periodista en el diario *La Nazione*. Sin embargo, la llegada de los americanos en 1943 me obligó a matricularme en la Universidad de Palermo.

Mi sueño era llegar a ser, una vez acabada la carrera, lector de italiano en alguna universidad extranjera de lengua francesa. Por lo tanto, tenía que sacar buenas notas al menos en dos asignaturas: Francés e Italiano. Cuando hice el primer examen de francés no hubo problemas, saqué mi primera matrícula de honor. Hice otros exámenes, por ejemplo, el de filosofía, y también obtuve la nota máxima. Me había puesto a estudiar con mucho ahínco. El examen oral de Literatura Italiana consistía en parte en defender un texto elegido por el alumno, y yo me decanté por las *Laudes dramáticas* de Feo Belcari. Sin embargo, cuando llegó el día resultó que el titular de la cátedra había sido sustituido por el titular de Filología Románica, el profesor Ettore Li Gotti. Respondí estupendamente a sus preguntas, pero luego llegamos a las *Laudes* y allí se enturbiaron las aguas. No me gustó cómo formuló la pregunta Li Gotti. Dijo textualmente:

—Sin duda no sabrá que en el año 33, en el Mayo Musical Florentino, se puso en escena una representación sacra...

—Por descontado que lo sé —lo interrumpí—. Se puso en escena *El milagro de santa Olivia*.

—Sin duda no sabrá quién fue el director.

Me molestó profundamente.

—Sí que lo sé, profesor, lo dirigió Jacques Copeau.

—¿No me diga que sabe también quién es Copeau?

—Pues sí, también lo sé, profesor. Es uno de los principales innovadores del teatro mundial del siglo veinte. Si quiere, puedo explicarle sus teorías.

Esa vez quien se molestó fue él. Me miró y me preguntó:

—¿Por qué no he tenido el placer de ver en mis clases a un dechado de sabiduría como usted?

Perdí los papeles.

—Profesor —contesté—, vivo a cuatro horas en tren de Palermo. Cuatro de ida y cuatro de vuelta son ocho horas de viaje; demasiadas para venir a sus clases.

Me miró con frialdad y replicó:

—Muy bien, el examen termina aquí. Le pongo un dieciocho.

Un dieciocho sobre treinta en Literatura Italiana, un aprobado pelado, significaba el fin de mi sueño.

—No acepto esa nota —dije.

—Si vuelve a presentarse, lo suspenderé —contestó.

Me levanté y me fui sin despedirme. Desde aquel momento, la universidad dejó de interesarme. Iba, por supuesto, y me presentaba a los exámenes, por supuesto, pero me contentaba con aprobados pelados.

Mientras tanto, escribía poemas y relatos. Empecé a enviarlos a revistas literarias de la península y a periódicos, y me los publicaron todos. Participé en concursos poéticos de primera magnitud, como el Premio Saint-Vincent de 1947, en el que llegué a la final. Ungaretti, que presidía el jurado, quiso que tres poemas míos se incluyeran en una antología que él mismo editó. Recibí una mención especial en el Premio Libera Stampa de Lugano, que contaba con un jurado de prestigio formado por Gianfranco Contini, Carlo Bo y Giansiro Ferrata, entre otros. De las trescientas personas que se presentaron ganó un poeta jovencísimo, Pier Paolo Pasolini, seguido inmediatamente por mí y por otra promesa de la poesía, Andrea Zanzotto.

. . .

Mi peor pesadilla era acabar mis días como profesor de secundaria o de bachillerato en Agrigento. Quería irme de Sicilia, por mucho que durante los años universitarios hubiera hecho amigos como Leo Guida, Marcello Carapezza o Giuseppe Ruggero, con los que había formado un grupo que participaba en todas las actividades artísticas y culturales. Todos los sábados nos reuníamos para charlar hasta altas horas de la noche sobre poesía, pintura, literatura y, sobre todo, sobre nuestro futuro. Fueron realmente los años en los que maduré.

La oportunidad de salir de la isla se me presentó en 1947, cuando se celebró en Florencia un concurso que premiaba una obra de teatro inédita de un solo acto y yo, que me sentía atraído por ese mundo desde mi primera juventud, me presenté con una pieza titulada *Juicio a medianoche*. El jurado, presidido por el extraordinario crítico Silvio d'Amico, me concedió el primer premio *ex aequo*. Me fui a Florencia, lo recogí y, durante el viaje de regreso en tren, releí mi trabajo. Me pareció absolutamente mediocre, me pregunté perplejo por qué lo habrían premiado y lo tiré por la ventanilla. Sin embargo, un mes más tarde me llegó una carta de Roma, de la Academia Nacional de Arte Dramático, que presidía precisamente D'Amico. Me decía que, si de verdad me interesaba el teatro, podía presentarme al examen de ingreso en dirección teatral, en el que, si sacaba una buena puntuación, estaba también en juego una generosa beca. Decidí tirarme a la piscina, solicité la convocatoria y elegí una comedia sobre la que escribir una especie de proyecto de final de carrera consistente en plantear una puesta en escena ideal. Me decanté por *Así es (si así os parece)*, de Pirandello, y presenté una voluminosa tesis acompañada del proyecto de iluminación, de bocetos para la escenografía y de figurines para el vestuario. En septiembre del 49 fui a Roma para presentarme al examen. Los candidatos a estudiar dirección éramos treinta. Mi examen oral con el profesor de esa disciplina, Orazio Costa, fue una especie de interrogatorio del Tribunal de la Inquisición. Al acabar, me dijo con frialdad:

—Sepa usted que no comparto nada de lo que ha dicho durante nuestra conversación.

Me levanté, me despedí, fui a saludar a D'Amico y a los demás profesores y me marché. Una frase así significaba que Costa no me quería bajo ningún concepto entre sus alumnos, de modo que, para disfrutar de Roma unos días, dejé el hotel en el que estaba alojado y me instalé en casa de un pariente. Pasé ocho días estupendos, pero al final llegó el momento de volver a Sicilia. El día antes de coger el tren se me ocurrió pasar por el hotel, donde me encontré tres telegramas desesperados de mi padre en los que me decía y repetía que había aprobado el examen, que me habían admitido en la academia y que había conseguido la beca máxima. Me di cuenta, horrorizado, de que las clases habían empezado hacía cuatro días, así que salí a toda pastilla hacia allí.

—Soy Camilleri, el nuevo alumno de dirección —le dije al bedel nada más llegar—. Tengo que ir a la clase del doctor Costa.

Se quedó mirándome y contestó:

—Costa no está.

—¿Hoy no tiene clase? —me sorprendí.

—¿Y a quién quieres que se la dé? ¡Sólo te ha aceptado a ti! Espera, que lo llamo y le digo que al final te has presentado.

Telefoneó y luego me dijo:

—Espera, que viene dentro de diez minutos.

En cuanto llegó, Costa me condujo a su inmensa aula, donde me senté delante de su mesa.

—¿Por qué apareces con tanto retraso? —fue su primera pregunta.

—*Dottore*, en el examen, cuando se despidió, me dijo una frase que no dejaba lugar a dudas.

—¿Qué frase?

—Me dijo que no compartía ni una sola de mis ideas, así que saqué la conclusión lógica.

Me miró fijamente y dijo:

—No compartir las ideas de una persona, cuando son certeras e inteligentes, no significa en absoluto rechazarlas. Al contrario.

Y así fue como Costa pasó a ser mi único maestro: no sólo mi profesor de dirección, sino un maestro de la vida.

No había cumplido todavía los cuarenta y era alto, elegantísimo y cultísimo, pero frío como un témpano. Una mañana tras otra nos encontrábamos frente a frente y nos adentrábamos en textos de Esquilo y de Shakespeare, que diseccionábamos y analizábamos desde todos los puntos de vista. Me enseñó a leer de veras y a comprender en profundidad las palabras que leía. Y así, poco a poco, desvió mi cerebro de la poesía al teatro. Durante años, me vi incapaz de escribir un solo verso o un relato. Al acabar el año, Costa me puso un diez en dirección, una nota que nunca había dado a nadie, pero a los pocos meses lo echaron de la academia por conducta inmoral: lo habían sorprendido haciendo el amor con una alumna. A pesar de todo, Orazio, hombre de férrea moralidad, quiso que siguiera a su lado como ayudante de dirección de su compañía.

Si te he contado estas historias ha sido para que entiendas que nunca he tenido un carácter fácil. Sentirme sometido a una disciplina cualquiera, quedarme callado cuando tenía algo que decir o no rebelarme ante lo que me parecía un sistema erróneo eran cosas que me resultaban imposibles, no formaban parte de mi naturaleza.

Al dejar de percibir la beca, me vi obligado a vivir, por así decirlo, a salto de mata. Un único ejemplo sirve para ilustrarlo: un amigo mío me había presentado a dos importantes productores cinematográficos de origen griego, apellidados Mosco y Potsios, que tiempo atrás habían montado en Roma una gran productora y distribuidora, Minerva Film. Mosco se enteró de que buscaba trabajo y, con gran generosidad por su parte, me lo ofreció. Se trataba de leer los guiones cinematográficos que llegaban a la productora y seleccionarlos para presentarles únicamente los que tuvieran cierto interés. Una vez transcurrido el primer mes de trabajo, Potsios me llamó a su despacho. Me dijo que estaba muy satisfecho con mi labor, por lo que iba a darme mi paga en aquel mismo momento. Me quedé boquiabierto cuando sacó de un cajón de su escritorio cinco cartones de cigarrillos Lucky Strike y me los tendió.

—¿Qué quiere que haga con esto? —le pregunté, atónito—. ¿Que me lo fume?

—Ésa es tu paga —contestó, tranquilamente—. Puedes cambiársela por dinero a los que venden tabaco de contrabando en la estación Termini.

Y eso hice. Por supuesto, aquel sistema de pago no me gustó y me busqué otro trabajo. Me llegó una nueva propuesta que, en un primer momento, me entusiasmó. Se trataba de ser ayudante de dirección de Luigi Zampa, que estaba rodando la película *Proceso a la ciudad* con una gran estrella de la época, Amedeo Nazzari. Zampa era un hombre autoritario y decididamente antipático. La única tarea que me asignó fue ir a comprarle tabaco de vez en cuando. Al acabar la primera semana de trabajo, recogí la modesta paga y no volví a dar señales de vida.

Sobrevivía a base de capuchinos y *brioches*; delgado por naturaleza, me quedé en los huesos. Durante un mes sustituí a un vendedor de libros usados que tenía un puesto en Porta Pia. Otro trabajo me lo ofreció el joven director Francesco Rosi, que estaba de ayudante de Raffaello Matarazzo, especialista en películas lacrimógenas, por lo general protagonizadas por Amedeo Nazzari e Yvonne Sanson. Rosi me propuso ir a Cinecittà a hacer de figurante de esas películas. Así empecé a ganar algo de dinero, pero, cuando Matarazzo se enteró de que entre los figurantes había un antiguo alumno de dirección de la Academia Nacional de Arte Dramático, no quiso volver a verme por el rodaje. Nunca he entendido por qué.

No había ni rastro de victimismo, ni en mí ni en tantos otros de mi edad que pasaban de un trabajo a otro a la espera de emprender el camino que les interesaba. Faulkner había vendido bocadillos, Steinbeck había sido portero de noche: leyendo las biografías de los americanos descubríamos que habían sido vendedores ambulantes de periódicos o de perritos calientes, lo cual no les había parecido un empobrecimiento cultural, sino un enriquecimiento de su experiencia.

Roma era una ciudad maravillosa que propiciaba los encuentros: la gente te ofrecía su amistad con facilidad y, a ser posible, también un trabajo. Aún no podía creerme que hubiera conseguido salir de Sicilia, aunque también seguía soñando con los *arancini* que preparaba divinamente la abuela Elvira o con la pasta al horno de mi madre.

Un día, por casualidad, conocí a Sandro d'Amico, redactor jefe de la gran *Enciclopedia dello spettacolo*, fundada y dirigida por su padre, Silvio. Como estaba al tanto de que yo sabía mucho de teatro francés de los siglos XIX y XX y era un atento estudioso del teatro italiano contemporáneo, me propuso entrar a trabajar en la redacción de la enciclopedia como especialista en esos temas. Allí conocí a Chicco Pavolini, redactor jefe de la sección de cine —en la que pronto me invitó a colaborar— y sobrino del político fascista Alessandro Pavolini, aunque tan distinto de su tío que acabó siendo para mí como un hermano, hasta el punto de que al cabo de unos meses decidimos irnos a vivir juntos.

Mi sueldo, sin embargo, era muy escaso, y tenía que complementarlo de algún modo. Acudió en mi ayuda otro amigo, Giovanni Calendoli, que por entonces dirigía la revista teatral *Scenario*. Yo firmaba como enviado especial a París y me encargaba, lógicamente, de las novedades teatrales francesas. En realidad, no me movía de Roma, me limitaba a leer las críticas teatrales de los periódicos del otro lado de los Alpes y de ahí sacaba el material para mis artículos. La colaboración en esa revista me permitía sobrevivir con bastante tranquilidad, pero Calendoli tenía otras ambiciones. Así, un tiempo después logró fundar una compañía teatral de buen nivel con sede estable en el Teatro Pirandello —más tarde Teatro Tordinona— y dedicada a representar únicamente novedades de autores italianos. Me ofreció inaugurar la temporada, de modo que empecé a ensayar una comedia de Raoul Maria de Angelis, autor a la sazón muy conocido, titulada *Hemos hecho un viaje*. La crítica romana —que por aquella época estaba formada por intelectuales como D'Amico y Contini, De Feo y Prosperi— hizo comentarios elogiosos sobre mi dirección, y así, en 1953, empezó mi carrera en el teatro. Estaba convencido de que aquél iba a ser mi camino, si bien algunas noches, casi a escondidas, incluso de mí mismo, me ponía de nuevo a escribir poemas, para luego olvidarlos a la mañana siguiente.

Fue entonces, durante los ensayos de mi primera comedia, cuando conocí a alguien que marcaría para siempre mi vida. Una amiga me presentó a una chica que había llegado hacía unos años a Roma procedente de Milán y se había licenciado en La Sapienza con una tesina sobre Pico della Mirandola. Se llamaba Rosetta Dello Siesto. Mi amiga me comentó que a Rosetta le gustaría seguir de cerca la preparación de la función, y que estaba dispuesta a echarme una mano si lo necesitaba. Así, empezó a asistir a los ensayos, pero al cabo de unos días me di cuenta de que estaba a años luz del mundo del teatro y sus reglas. Una o dos veces le pedí que me ayudara con algo concreto relativo a los efectos de sonido, y el resultado fue desastroso. Si no perdí los estribos fue porque me resultaba curiosamente simpática y su presencia me alegraba el día. Después del estreno de la función, me fui a Sicilia a pasar un mes con mi familia. Una semana después, me di cuenta de que no había pasado un solo día sin pensar en aquella chica. No lograba explicarme el motivo, pero había algo innegable: todas las noches, antes de dormirme, su imagen sonriente se aparecía ante mis ojos. Tenía dos amigos de la infancia, dos amigos del alma, a quienes les conté el extraño fenómeno que me estaba sucediendo.

Tengo que confesar que hasta entonces había pasado de una chica a otra con gran facilidad. La respuesta de mis amigos fue de una sencillez elemental:

—Te has enamorado.

Durante el resto de mis vacaciones sicilianas, constaté que aquella respuesta había sido de lo más acertada. De modo que, en cuanto volví a Roma, la llamé por teléfono y la invité a cenar. Aceptó.

Desde aquella noche hemos cenado juntos durante más de sesenta años. Pero de eso volveré a hablarte un poco más adelante.

Como ya he dicho, me había hecho comunista en los años del fascismo. Al acabar la guerra, mis ideas políticas se reforzaron y, cuando me fui a vivir a Roma, me puse a disposición del partido. Dos viejos amigos sicilianos, Leo Guida y Gaspare Giudice, que también se habían instalado en la capital, trabajaban en el PCI. En concreto, Gaspare era redactor del semanario *Vie Nuove*, dirigido por el secretario general, Luigi Longo, una figura mítica. Acabé escribiendo algún artículo sin firmar para esa revista. Mientras, Stalin había decidido disolver la Internacional Comunista (el Komintern), que era la organización directiva de todos los partidos comunistas del mundo, y sustituirla por la Kominform, una oficina puramente informativa. La Kominform publicaba *Por una Paz Estable, por una Democracia Popular*, una revista semanal en la que colaboraban periodistas comunistas de todas las naciones. Se imprimía traducida a unas sesenta lenguas por lo menos, era una especie de biblia. Un buen día, Longo nos encargó a Gaspare Giudice y a mí varios artículos sobre el canal Volga-Don, una obra pública soviética de enormes dimensiones. El redactor jefe de la revista, Libero Bigiaretti, nos pidió que los escribiéramos de la forma más narrativa posible, porque tenía la intención de hacernos firmar como enviados especiales. Nos fuimos a la embajada soviética, donde nos facilitaron la información técnica necesaria, y nos pusimos a escribir, inventándonos reuniones, situaciones y entrevistas completamente fantasiosas. El conjunto apareció en tres reportajes. Al cabo de un mes nos enteramos, con enorme estupor, de que el semanario de la Kominform los había reeditado a todo trapo: nuestras invenciones se habían convertido en realidad para los más de sesenta países en los que se publicaba la revista. Recuerdo que nos miramos desconsolados y nos preguntamos: «¿Es posible que los demás artículos también sean fruto de la fantasía?» Esa posibilidad nos sumió en una profunda crisis.

Siguiendo en el ámbito de mi actividad dentro del partido, en 1950 me enviaron a Génova con ocasión de las Olimpiadas Culturales de la Juventud. Allí tuve la oportunidad de conocer a los grandes intelectuales italianos, desde Massimo Bontempelli hasta Galvano della Volpe, pasando por Sibilla Aleramo o Giacomo Debenedetti, y además gané el Premio de Poesía con un poema lírico titulado *Muerte de García Lorca*.

Sin embargo, al cabo de un tiempo me alejé del partido y no renové el carnet. Volví a solicitarlo cuando llegó el momento de luchar por grandes conquistas civiles de nuestro país, como el divorcio o el derecho al aborto. Desde entonces, seguí siendo comunista mientras existió el partido en Italia; cuando cambió de nombre y se transformó en el Partido Democrático de la Izquierda, el PDS, no me afilié. Así pues, nunca he sido miembro del Partido Democrático, pero he seguido siendo comunista de espíritu. Y es cierto, Matilda querida, que he seguido siendo comunista a mi manera, porque no puedo dejar de reconocer el daño y el horror provocados por el comunismo estaliniano.

Rosetta y yo nos comprometimos oficialmente, e incluso llegué a pedir su mano a su padre, Andrea. Fue una reunión insólita en la que, sinceramente, no sabría decir cuál de los dos estaba más abochornado. Decidimos casarnos enseguida, pero, por desgracia, la muerte precoz de su padre nos obligó a retrasarlo unos años. Por fin llegó el día de la boda. Tengo que confesarte que para mí la víspera fue un infierno. Mi personalidad se había dividido en dos. El primer Andrea me decía: «Ten presente que nunca serás buen marido, no serás capaz de ser fiel a tu palabra, aún estás a tiempo, vístete ahora mismo, súbete al primer tren y márchate sin dejar rastro.» El otro Andrea lo rebatía: «Pero ¿es que te has vuelto loco? La boda ha sido una decisión que has tomado libremente, sabes muy bien que Rosetta es la única mujer con la que puedes casarte, ¿a qué vienen estas estupideces?» No conseguí pegar ojo en toda la noche.

Por entonces me hacía los trajes un sastre que, no sé por qué, me dejaba los hombros de las americanas demasiado estrechos. Y Rosetta me había advertido:

—El traje de la boda, por favor, ve a hacértelo a otro sastre.

No le hice caso y fui al de siempre. La mañana del casamiento me vestí y comprobé con horror que el sastre se había superado, porque había cortado los hombros con las medidas de un niño y la americana me iba estrechísima. Me presenté ante Rosetta, que ya iba vestida de novia y estaba al lado de mi padre. En cuanto aparecí, me dijo:

—¿Lo ves? No me has hecho caso y el sastre te ha hecho los hombros demasiado estrechos.

Ante aquellas palabras perdí los nervios, toda la tensión de la noche anterior explotó de golpe. Me quité la americana y grité:

—¡Pues búscate un marido que tenga los hombros anchos!

Agarré la chaqueta y se la tiré a la cara. Al instante, mi padre se lanzó a besarle la mano y a decirle:

—¡Perdónalo, perdónalo!

Rosetta ni pestañeó. Dio un paso adelante y me arreó un guantazo en toda la cara. Es el único bofetón que me ha dado en toda la vida, y tuvo un efecto extraordinario, ya que al cabo de un segundo nos miramos y nos echamos a reír, a reír a lágrima viva, y toda la ceremonia nupcial en la iglesia fue una carcajada continua. La cosa llegó a tal punto que, en el momento de intercambiar los anillos, Rosetta acabó, entre tanta risa y sin darse cuenta, poniendo la alianza no en mi dedo, sino en el del cura, que al instante se echó atrás, horrorizado, exclamando:

—¡No, a mí no! ¡A mí no!

Nueve meses después de la boda nacía nuestra primera hija, Andreina, tu abuela. Luego llegó la segunda, Elisabetta, y por último la tercera, Mariolina. Quiero que quede clara una cosa: no me sentí decepcionado al ver que mi primer hijo era una niña, nunca me ha importado lo más mínimo tener un heredero varón. Es más: me congratulé en secreto y esa felicidad se repitió con la misma fuerza al nacer mis otras dos hijas.

Rosetta había renunciado a presentarse a las oposiciones para profesora y, en lugar de eso, decidió entrar a trabajar en el Instituto Nacional de Asistencia contra las Enfermedades, el INAM, donde ascendió con rapidez y acabó en la dirección. Sin embargo, en casa hacía falta más dinero y en 1955 me decidí a hacer unas oposiciones para la RAI.

En toda Italia se presentaron diez mil personas. Pasamos la prueba escrita sólo ciento cincuenta. Hice la defensa oral en Roma, ante un tribunal presidido por un gran historiador del teatro y la literatura, el profesor Mario Apollonio. Y fue él quien mantuvo una larga conversación conmigo sobre el tema que había desarrollado. Al terminar se levantó y, mientras me estrechaba la mano, me dijo textualmente:

—Ha sido un placer conocerlo. Creo que represento el sentir del tribunal cuando le digo que volveremos a vernos pronto en Milán para el curso de formación.

Exultante, llamé a Rosetta al trabajo para darle la buena noticia.

Y entonces sucedió algo que parecía hecho aposta: aquella misma tarde me llamó desde Milán Orazio Costa. Estaba montando para el Piccolo Teatro un drama de Diego Fabbri titulado *Proceso a Jesús*. Me contó que no se sentía cómodo con el ayudante de dirección que le habían asignado. Sólo faltaban quince días para el estreno y me pedía que fuera a Milán para ser su ayudante. Le contesté que acababa de aprobar la oposición de la radiotelevisión pública y suponía que me llamarían en cuestión de días, de modo que me veía obligado a rechazar su oferta. Al cabo de una semana recibí una extraña llamada de Orazio: me dijo que se había encontrado a Apollonio, el cual le había contado que, por desgracia, y a instancias del presidente de la RAI, no me habían admitido en el curso de formación. Me habían rechazado. Así que, sumamente decepcionado, le dije que me trasladaría de inmediato a Milán para ser su ayudante de dirección.

Al cabo de dos días, fuimos los dos a cenar con Diego Fabbri, que me preguntó por qué no me habían aceptado en la RAI. Le contesté que no tenía ni la más mínima idea. Acto seguido se levantó de la mesa, fue a telefonear a Pier Emilio Gennarini, que había sido el vicepresidente del tribunal de oposiciones, y lo invitó a cenar al día siguiente. En pocas palabras, en esa cena Gennarini, muy avergonzado, nos explicó que me habían suspendido porque la información sobre mis tendencias políticas, solicitada en todas las oposiciones, dibujaba el retrato de un comunista violento y peligroso. La fuente era un subteniente de los carabineros de mi pueblo. Costa y Fabbri se volvieron hacia mí, sorprendidos:

—Pero ¿cómo? ¿Eres comunista? —me preguntó Orazio.

No quise sacar provecho de la situación y no me hice la víctima. Eso sí, me pareció que el sueño de entrar en la RAI se había esfumado para siempre.

Tres años después, de regreso de Bérgamo, donde había puesto en escena una ópera lírica, me hizo llamar Cesare Lupo, director del tercer canal de radio de la RAI, por entonces conocido como «Tercer Programa» y luego como «RAI Radio 3». Me imaginé que querría ofrecerme dirigir algo para la radio, pero en realidad me pidió que sustituyera a la funcionaria encargada de los programas de teatro, que estaba de baja maternal; se trataba de un contrato de seis meses. Acepté con entusiasmo, pero me sentí obligado a añadir:

—Le advierto, director, de que en las oposiciones de hace tres años me rechazaron por ser comunista. Y lo sigo siendo.

Se quedó mirándome y dijo:

—¿Y eso a quién le importa?

La explicación de ese cambio de actitud era muy sencilla: había un nuevo presidente en la RAI. En la época de mi examen ostentaba el cargo el ingeniero Filiberto Guala, que luego se había hecho monje trapense y había sido sustituido por un hombre de tendencias mucho más liberales, el *dottor* Marcello Rodinò.

—Ve con cuidado: el que entra en la RAI difícilmente sale —me advirtió Cesare Lupo antes de despedirse.

Y su profecía se cumplió. El contrato de seis meses se renovó por otros seis, luego por un año. En fin, para resumírtelo: cuando llegué a la edad de jubilarme, seguía en la RAI, y casi siempre con encargos muy de mi agrado. Y, mira, Matilda, esa seguridad laboral me tranquilizó mucho y me dio la posibilidad de encontrar cierta estabilidad, lo que contribuyó a atenuar mis cambios de humor. Aunque, sin duda, no fue sólo por el trabajo.

He sido un hombre afortunado. Y, si mi matrimonio ha durado tanto, se ha debido principalmente a la inteligencia, la comprensión y la paciencia de Rosetta. Nuestra relación nunca se ha visto alterada por ningún factor externo. Voy a revelarte un secreto: el nacimiento de nuestras tres hijas y el hecho de que en el piso de al lado vivieran las dos consuegras, milagrosamente amigas, hicieron que en un momento dado Rosetta y yo tuviéramos poco tiempo para estar juntos e intercambiar ideas, opiniones. Entonces recurrí a una estratagema. Sin decir nada a nadie, alquilé un estudio, lo amueblé y luego se lo comuniqué a Rosetta, y allí, a escondidas de todo el mundo, como dos amantes, nos veíamos alguna que otra hora por las tardes, y luego por la noche nos reencontrábamos en casa para cenar como si no nos hubiéramos visto desde la hora de comer.

Rosetta ha sido la columna vertebral de mi existencia y sigue siéndolo. Cuando era director de teatro prestaba más atención a su veredicto que al de los críticos. No he publicado una sola línea que ella no haya leído antes. Siempre he seguido sus inteligentes y agudos consejos, hasta el punto de que me he visto obligado a reescribir decenas de páginas de mis novelas.

Cuando se creó el segundo canal televisivo, el director, Angelo Romanò, me llamó para que formara parte del equipo, y así pasé de la radio a la televisión, para ser delegado de producción, es decir, responsable de determinados programas. Debuté, todavía en blanco y negro, con las ocho primeras comedias de Eduardo de Filippo. A ese primer trabajo siguieron muchos otros, entre ellos dos grandes novelas dramatizadas como *La hija del capitán*, de Pushkin, y *La San Felice*, de Alexandre Dumas, cuya adaptación se escribió expresamente para la pequeña pantalla. Además, produje un experimento muy difícil: la dirección de algunas obras del llamado «teatro del absurdo», esto es, Beckett, Pinter, Adamov, Ionesco. Durante toda mi carrera en la RAI seguí dirigiendo tanto en radio como en televisión.

Entretanto, Orazio Costa, que había dejado las clases de dirección en la Academia Nacional de Arte Dramático, me había propuesto como sucesor. Lo cierto es que me quedé muy sorprendido. En sus años de profesor, Orazio había formado a directores de gran talento, como, por ejemplo, Mario Ferrero o Giacomo Colli, absolutamente fieles a su idea del teatro. Orazio había sido alumno y ayudante de dirección de Jacques Copeau, que tenía una concepción casi religiosa del teatro, mística incluso. Mis ideas, en cambio, eran mucho más laicas; en resumen, entre todos los alumnos de

Costa, yo había sido el más infiel, de modo que el hecho de que me propusiera como su sucesor para tan codiciado puesto me asombró. Con el paso de los años nos habíamos hecho amigos, venía a menudo a mi casa y de hecho fue el padrino de mi primera hija. Nos teníamos mucho aprecio, si bien nunca me atreví a tutearlo, por mucho que me invitara a hacerlo en repetidas ocasiones. Cuando le pedí que me explicara los motivos por los que me había designado como su sucesor, me recordó, haciendo gala de una memoria extraordinaria, la frase que me había dicho en nuestro primer encuentro, tantos años atrás:

—No compartir las ideas de otro no significa que sean poco inteligentes o estén poco justificadas.

Así pues, impartí clases de dirección y de interpretación durante diecisiete años. Y aquí me gustaría detenerme para dedicar unas palabras a hablar sobre mi método. El curso de dirección duraba tres años y en primero había únicamente tres plazas. En consecuencia, el número máximo de alumnos a mi cargo debería haber sido nueve sumando las tres promociones. Sin embargo, como era muy exigente en los exámenes, a menudo me quedaba muy por debajo de esa cuota, ya que aceptaba a dos o incluso a uno solo. ¿Por qué era tan estricto? Porque siempre he tenido un altísimo concepto de la dirección teatral. Nunca he creído en los inventos extravagantes de algunos directores, y menos aún en los falsos fuegos artificiales que pueden crearse con facilidad en el escenario. Para mí, el texto teatral lo era todo. La comprensión crítica del texto era la base esencial y sustancial de la futura dirección, de la futura puesta en escena. Por lo tanto, de los alumnos quería, aunque no fueran muy cultos, que tuvieran ideas arraigadas, afianzadas, sobre el texto que habían elegido para los exámenes. Me encargaba de que se vieran obligados a hacer un análisis muy minucioso y, en especial, de que llevaran todo el material de apoyo necesario para el desarrollo de su tesis, incluida la bibliografía. Una vez que el alumno superaba los exámenes, me esforzaba en la medida de lo posible por comprender su personalidad, por entender sus conocimientos, sus propósitos, su forma de abordar y leer un texto. Si me quedaba convencido de que el alumno estaba igual de convencido de sus ideas, no trataba de redirigirlo hacia las mías, sino que lo ayudaba con todo mi empeño a desarrollarlas, a profundizar en ellas. Mi intención era que mi docencia no diera lugar a buenos estudiantes alineados servilmente con mi forma de concebir el teatro y el texto, sino a personalidades autónomas. Con el paso de los años trataba, en todo caso, de arañar la consistencia de sus convicciones para comprobar su grado de resistencia, siempre listo para echarme atrás y poner a su disposición todo mi saber y mi experiencia, a fin de que sus ideas adquiriesen una forma consumada. Ésa fue la base de mi enseñanza, una enseñanza de libertad.

Me honra haber tenido como alumnos a quienes posteriormente han sido directores merecedores de fama y estima.

Al hacer balance de mi actividad docente, me doy cuenta, con sorpresa, de que con el paso del tiempo entre mis alumnos ha acabado habiendo más escritores que directores o actores.

Por otro lado, también di clase de dirección de actores en el Centro Experimental de

Cinematografía durante cinco años consecutivos, de 1961 a 1966, y también allí pasaron por mis manos directores cuyo trabajo todavía hoy aprecio mucho. Les enseñaba a sacar de los actores lo que deseaban, puesto que los directores cinematográficos tenían, por aquella época, una tendencia natural a considerar al actor tan sólo un elemento más de la escena. Dejé el Centro Experimental porque tenía demasiado trabajo entre la Academia Nacional y la RAI televisión.

Dos años después estalló el 68, que fue el año de las reivindicaciones en todos los sentidos. Los jóvenes que se rebelaban querían una sociedad distinta, la paridad entre hombre y mujer, el respeto a las libertades individuales, un tejido social con menos fisuras. En ese contexto, un buen día se presentó en mi casa un grupo de alumnos del Centro Experimental, capitaneado por uno de los mejores actores de aquella época, Gian Maria Volonté. Los alumnos se habían atrincherado en la escuela y habían expulsado a todos los profesores. Habían celebrado una asamblea para pedir que fueran a dar clase profesores de su agrado, y el primer nombre que había salido había sido el mío, seguido de Dario Fo. Me sentí sinceramente honrado por aquella invitación y acepté. El primer día, para poder entrar, tuve que superar varios controles y cordones policiales. En el vestíbulo de la escuela había, en una pared, un reloj enorme que marcaba no sólo la hora, sino el inicio y el fin de todas las clases. Lo primero que vi al entrar fue aquel pobre reloj arrancado y tirado en un rincón: lo habían sustituido por un tablón de anuncios. Entré en la clase de dirección y me encontré a dos o tres alumnos metidos en sacos de dormir. No quise despertarlos y me fui a otra clase, no sin antes escribir en el tablón de anuncios que Camilleri había llegado y estaba preparado para dar clase. No se presentó nadie. En consecuencia, informé mediante el tablón de anuncios de que al día siguiente, a las nueve de la mañana, empezaría mis clases. Al día siguiente, el primer alumno se presentó a las once, cuando ya me había fumado un paquete de cigarrillos entero. Charlamos un poco sobre la situación y me marché, después de repetir la misma convocatoria. Al día siguiente aparecieron dos, pero no antes de las diez y media, de modo que escribí lo siguiente en el tablón de anuncios: «Diferencia entre revolucionario y holgazán: el revolucionario arranca el reloj de fichar de la pared y lo destruye, pero se presenta cinco minutos antes del inicio de la clase. El holgazán, en cambio, arranca el reloj de la pared y se presenta en clase con dos horas de retraso. Mañana Camilleri hará un último intento, estará en el aula a las nueve.» Evidentemente, a las nueve de la mañana del día siguiente me encontré a los cinco alumnos de dirección.

La enseñanza me ha dado mucho más de lo que le he dado yo. Me explico: ante la confrontación continua entre mis ideas y las de un joven culto, preparado e inteligente, tenía la sensación de que salía ganando porque se inyectaba en mis ideas una sangre fresca y distinta; mi forma de abordar un texto, fija desde hacía veinte años, se alteraba en un sentido positivo, se renovaba gracias a la lectura hecha por un joven. La experiencia me resultaba tan apasionante que por la mañana, de camino a clase, me sentía como Drácula, que chupaba sangre para mantenerse vivo. Si aún hoy sigue despertando mi curiosidad la forma de pensar de los demás, es algo que debo, precisamente, a la experiencia docente.

Aquel mismo año 1968 sucedió en la Academia Nacional de Arte Dramático algo parecido a lo que había pasado en el Centro Experimental, aunque en este caso acompañado de un hecho extraordinario. Los alumnos no sólo no expulsaron a los profesores, sino que además los invitaron a ocupar la escuela con ellos, de modo que, con el director de entonces, Ruggero Jacobbi, a la cabeza, acabamos durmiendo entre los pupitres y, por descontado, en sacos de dormir.

Durante unos veinte años trabajé sin tregua: dirigía en el teatro, en la televisión, en la radio, daba clases, escribía artículos para revistas y periódicos especializados. Sin embargo, todo ese trabajo tenía un aspecto negativo: no podía estar junto a mis hijas, que iban creciendo. Pasaba demasiado tiempo fuera de casa. El ejemplo más patente lo tenemos en la redacción sobre el tema «Mi padre» que hizo tu abuela Andreina en la escuela primaria: «Mi padre, cuando vuelve a casa, se pelea con mi madre. Luego se encierra en su despacho y lee guiones. Por la noche sale y vuelve al día siguiente. A veces consigue poner en marcha la lavadora.» En mi defensa diré que en aquella época Rosetta y yo vivíamos felices y en total sintonía; lo que a Andreina le parecían peleas eran discrepancias familiares normales y corrientes. Era cierto que por la noche me iba al teatro a ensayar, pero volvía hacia las doce, cuando la niña ya dormía, de ahí que le pareciera que no regresaba hasta el día siguiente. Era cierto que «a veces» conseguía poner en marcha la lavadora, pero era porque no funcionaba bien y de cuando en cuando se atascaba. Había descubierto que con una buena patada en un punto concreto se reactivaba. Tengo que añadir que, sin que tu abuela llegara a enterarse, planchaba con frecuencia. Y juro que mi contribución a la familia no se limitaba únicamente a eso.

He sido un buen abuelo, eso sí. Tan bueno que mis hijas no me han ahorrado alguna que otra escena de celos. Mis nietos, desde muy pequeños, han tenido acceso libre a mi despacho, donde podían jugar sin que eso me molestase lo más mínimo, más bien al contrario: me gustaba sentir que vivían y liberaban su energía en mi cuarto, una energía contagiosa que me hacía escribir mejor. Podían subirse a la mesa o, como sucedía más a menudo, meterse debajo para jugar e interrumpirme constantemente. Yo no me inmutaba y no me importunaban en absoluto, hasta el punto de que un día mi mujer me dijo:

—Tú no eres escritor, tú eres corresponsal de guerra.

Así pues, ya puedes imaginarte, querida Matilda, la felicidad que siento al saber que ahora también te tengo a ti debajo de mi mesa.

Hacer teatro me cambió el carácter. En las primeras obras que dirigí, la relación con los actores era incluso conflictiva. Me preparaba la puesta en escena leyendo y releyendo la función de cabo a rabo decenas de veces, y al mismo tiempo tomaba apuntes sobre el carácter de los distintos personajes y estudiaba el texto teniendo en cuenta no sólo las demás obras del autor, sino también su encaje en el conjunto del teatro coetáneo. Y así hasta que, en un momento dado, me sucedía un fenómeno extraño: dominaba hasta tal punto el texto que los personajes salían de las páginas y empezaban a dar vueltas por la habitación como criaturas de carne y hueso. Era entonces cuando, por fin, me sentía preparado para afrontar la dirección y me sentaba a una mesa con los actores. Toda esa preparación generaba en mí un esquema mental fijo y rígido del que no estaba dispuesto a apartarme; mi dirección era una especie de imposición de mi idea que no admitía desviaciones ni omisiones, y cometía un error: no tenía en cuenta que el actor es una persona con una formación y unas ideas determinadas, además de una mayor o menor experiencia escénica. En una ocasión, acabé reuniendo a todos los actores en el escenario e, insatisfecho, no sólo los reprendí severamente, sino que incluso se me escapó algún que otro insulto fuerte. Luego seguimos con el ensayo. En el grupo, sin embargo, había un viejo actor de más de ochenta años, Aristide Baghetti, que había sido toda una estrella del teatro cómico de principios de siglo. Como vivía en mi barrio, todas las noches, al terminar los ensayos, lo cogía del brazo y lo acompañaba hasta el portal de su casa. Aquella noche me sentí en el deber, en atención a su avanzada edad, de pedirle disculpas por la escenita que había montado, y él me contestó lo siguiente:

—Mire, *dottore*, si no hacemos lo que usted quiere no es porque se nos haya metido entre ceja y ceja hacer algo a nuestra manera, sino porque no siempre entendemos qué busca. Usted es un joven culto, y nosotros no. A veces utiliza palabras o expresiones que nos resultan casi incomprensibles. En cambio, si dialogara un poco más con nosotros, si al final de sus exposiciones preguntara, como en el colegio, si hemos entendido lo que nos ha dicho, la respuesta sería que no. Pero esa respuesta podría cambiar si tuviera la paciencia de insistir en la explicación de sus ideas hasta que por fin acabaran resultándonos clarísimas. Entonces sí que estaría satisfecho con nosotros.

Te confieso que no pegué ojo en toda la noche. Aquellas pocas palabras de Baghetti fueron para mí una lección no sólo de teatro, sino también de vida. Desde entonces, el diálogo con los demás ha sido un elemento fundamental de mi ser. Y si he dirigido alguna que otra función de calidad, ha sido precisamente porque las palabras de Baghetti nunca han dejado de resonar en mi interior.

• • •

Después de tantos y tantos años, empecé a advertir cierto cansancio, no de hacer teatro, sino de contar historias concebidas por otros y escritas con las palabras de otros. Como ya te he contado, de joven había publicado poemas y relatos que habían logrado una buena acogida, pero el teatro se había llevado por delante esa actividad literaria. Estudiar dirección y posteriormente dedicarme a dirigir me habían sumergido por completo en el mundo teatral, hasta el punto de que, durante mucho tiempo, escribir versos dejó de interesarme. No obstante, en un momento dado, la vena poética y narrativa que creía haber enterrado definitivamente resultó ser una especie de río fluctuante. Tuve la oportunidad de hacer realidad el deseo de contar una historia propia con palabras propias en medio de una situación personal dramática. Mi padre, que junto con mi madre se había mudado de Sicilia a Roma para estar cerca de mí y de sus nietas, enfermó de gravedad al cabo de unos años y tuvieron que ingresarlo. A los pocos días, los médicos me comunicaron que le quedaban pocos meses de vida. Esa noticia, completamente inesperada, me dejó aturdido. Además, ¿cómo iba a decírselo a mi madre? Salí del hospital y entré en un bar. Eran las tres de la tarde, había una máquina del millón, decidí echar unas partidas y salí de allí a las ocho. Durante cinco horas me había concentrado exclusivamente en el juego, y al acabar me sentí preparado para afrontar los días que tenía por delante. Abandoné todo lo que estaba haciendo y pasé las noches siguientes al lado de mi padre, haciéndole compañía en una habitacioncita con una sola cama a la que pedí que llevaran un sillón para mí. El pobre no conseguía conciliar el sueño, de forma que nos pasábamos las noches charlando sobre nosotros dos, repasando los malentendidos, las discrepancias: nos expusimos el uno ante el otro sin pudor. De aquellas noches, a pesar de todo, salimos los dos calmados y serenos. Una vez terminado ese largo y arduo esclarecimiento, mi padre me pidió que le contara alguna historia. Entonces le contesté que llevaba unos meses pensando en escribir una novela. Se mostró a un tiempo contento y sorprendido:

—Pero, si hasta el momento has escrito poesías y relatos, ¿por qué te apetece ahora escribir precisamente una novela?

Le respondí que quizá mi larga experiencia teatral me había animado a dar ese gran paso. Y empecé a contarle la historia. Al final, mi padre me hizo prometerle que escribiría esa novela de la misma manera en que se la había contado. ¿Y cómo lo había hecho? Pues empleando la forma de hablar de la pequeña burguesía siciliana, mezclando el dialecto siciliano y el italiano. Nos habíamos ajustado, en resumidas cuentas, a lo que Pirandello ya había señalado con agudeza en un ensayo: «Con el italiano se expresa el concepto de algo determinado, mientras que con el siciliano se expresa el sentimiento.» De hecho, cuando queríamos formalizar una situación, distanciarla de algún modo de todo sentimiento, recurríamos al italiano. En cambio, para toda moción de afecto, para toda búsqueda de intimidad en el discurso, para hacer más penetrantes las palabras que decíamos, acudíamos a nuestro dialecto.

Mantuve la promesa hecha a mi padre y al año siguiente, en 1968, escribí mi primera novela, titulada *El curso de las cosas*. Una vez terminada, se la envié a un amigo que era un gran crítico literario, Nicolò Gallo, al que veía todos los sábados. Una vez recibido el libro, Nicolò no dio señales de vida durante un mes, así que fui a dejarle una nota en la portería del edificio donde vivía: «Querido Nicolò: No querría perder tu amistad por una novela que, evidentemente, no te gusta. Finge que no la has recibido y da señales de vida.» Me llamó por teléfono de inmediato y me invitó a su casa. Fui para allá y, encima de su escritorio, vi mi novela acompañada de un montón de papeles con sus comentarios. Nicolò me dijo que era estupenda, pero que no me había atrevido a pisar hasta el fondo el pedal de la mezcla de lengua y dialecto, por lo que, en aquellos papeles adjuntos, me había señalado todas las frases en las que era mejor profundizar en ese sentido, con lo que me invitaba a ser más audaz. Me dio tres o cuatro meses de tiempo para reescribirla y me dijo que luego haría que me la publicara Mondadori, ya que era un importante editor de la casa.

Sabiendo que contaba con cierto margen de tiempo, no me puse de inmediato con la revisión, y un mal día me llegó la noticia de que Nicolò había muerto repentinamente. Entonces empecé a mandar el libro, sin las correcciones, a todas las editoriales italianas, y obtuve siempre la misma respuesta: «Su novela es impublicable debido al lenguaje utilizado.» Las negativas se prolongaron exactamente diez años, aunque, si te soy sincero, no me desanimé, no me descorazoné, al contrario, no me importó y seguí haciendo teatro.

En 1978, un amigo guionista, ante el rechazo generalizado a la novela, me propuso transformarla en un texto para televisión. Acepté. Así, algún periódico publicó la noticia de que se estaba preparando una serie televisiva basada en una novela mía, y que el título iba a ser *La mano en los ojos*. Entonces recibí una carta de un sello de autoedición, Lalli, que me propuso sacar el libro sin que tuviera que correr con los gastos, si en los títulos de crédito de la serie se indicaba que estaba basada en la novela *El curso de las cosas*, publicada por Lalli; en resumen, buscaba publicidad en televisión. Y así, mediante esa especie de trueque, el libro acabó publicándose. Por supuesto, no tuvo una gran distribución y, en consecuencia, la repercusión fue escasa, pero tener entre las manos aquel objeto-libro me despertó de inmediato el deseo de escribir otro. Más de diez años después del primero, escribí *Un hilo de humo*. Sin embargo, en esa ocasión, mi amigo Ruggero Jacobbi me dijo:

—No quiero que esta novela corra la misma suerte que la primera.

Se la puso bajo el brazo y se fue a Milán. Entregó el manuscrito a una excelente escritora que enseguida se convirtió en una gran amiga, Gina Lagorio, la mujer del editor Livio Garzanti. Al cabo de unos diez días, recibí una llamada inesperada de Garzanti, que me comunicaba que mi libro le había gustado mucho y que pensaba publicarlo muy pronto en su prestigiosa editorial. Y así sucedió, en efecto. Esta vez, además, la novela recibió muy buenas críticas.

Acto seguido, escribí un relato-ensayo con el título de *La matanza olvidada*, y gracias a Leonardo Sciascia lo publiqué en la editorial de Elvira Sellerio; fue el principio de una larguísima colaboración que continúa actualmente. Y no sólo de una colaboración: fue el principio de una auténtica y profunda amistad. Elvira era una mujer extraordinaria. Quiero decir que poseía características naturales fuera de lo común y tenía el don de aunar cualidades humanas y profesionales en apariencia discor-

dantes. Recuerdo discusiones muy enardeci-
das, verdaderas broncas con todas las letras,
en las que, a pesar de todo, su ternura siempre
estaba presente.

Después de publicar otra novela, *La temporada de caza*, no me sentí capaz de escribir nada
más. El problema era que no podía concen-
trarme en mis cosas mientras seguía haciendo
teatro. Decidí despedirme de los escenarios.
Y esa despedida fue realmente larga, ya que
duró ocho años. Cuando monté mi última
función, basada en tres poemas de Mayakovski
y titulada *El maquillaje y el alma*, tuve la impresión de que no me quedaba nada más que decir
en aquel terreno. Elvira, que durante aquellos
años en ningún momento me había pedido
otra novela, acudió al estreno y, al terminar el
espectáculo, me agarró del brazo y me dijo:

—Creo que ahora estás preparado para darme otro libro.

Lo había entendido todo. Y volví a la narrativa.

En 1994 sentí la necesidad de escribir un
libro encerrándome tras los barrotes de esa
jaula que es la novela negra y así nació *La
forma del agua*, que tenía como protagonista a

un comisario de policía, Salvo Montalbano. No quedé muy satisfecho con el resultado. En aquellas páginas, a veces la figura del comisario quedaba demasiado difuminada; quiero decir que Montalbano era más una función que un personaje. Para darle mayor entidad, escribí una segunda novela, *El perro de terracota*. Mi intención era que, después de aquel libro, Montalbano no volviera a aparecer en mis páginas. Sin embargo, sucedió algo extraordinario: las dos novelas de Montalbano obtuvieron un enorme éxito entre los lectores. Y eso sin que Scllerio hiciera ninguna publicidad: el consenso se debía al boca a boca de los lectores. En cuestión de un año, se vendieron ochocientos mil ejemplares de mis libros, por lo que Elvira Sellerio prácticamente me obligó a escribir una tercera novela protagonizada por Montalbano. Obedecí a regañadientes, en parte porque me consideraba incapaz de soportar a un personaje que se repitiera. La serialidad requiere una capacidad atlética de maratón, cuando yo siempre me he considerado un velocista. No obstante, con Montalbano ocurrió que el personaje empezó a convivir conmigo y, cuanto más se dilataba el éxito, mayor era la sensación de que aquel comisario me había hecho prisionero. Entre mi personaje y yo se creó, en suma, una relación de amor-odio que todavía pervive hoy.

Mientras te escribo, la editorial Sellerio me comunica que ha vendido la friolera de dieciocho millones de ejemplares de mis novelas sólo en Italia. Y a estas alturas, la adaptación televisiva de los casos de Montalbano ha superado los mil doscientos millones de espectadores. La serie se ha emitido en sesenta y tres países, y las novelas se han traducido a treinta y siete idiomas. A pesar de todo, yo sigo creyendo que lo mejor de mi escritura se encuentra en las llamadas «novelas históricas y civiles», como *El rey de Agrigento*, *La ópera de Vigàta* o *La concesión del teléfono*, o bien en la trilogía que yo llamo de la metamorfosis, formada por *El beso de la sirena*, *El guardabarrera* y *La joven del cascabel*. En resumen, he acabado siendo un escritor de enorme éxito, aunque quiero confesarte que nunca he conseguido explicarme los motivos. Siempre he escrito lo que me apetecía, sin ningún tipo de concesión al gusto del público. Me he mantenido fiel a mí mismo, a mi escritura, a esa escritura que es un trabajo en curso porque progresivamente va convirtiéndose en una lengua inventada.

En distintas entrevistas me han preguntado si el éxito me ha cambiado la vida. Mi respuesta es que no y se corresponde exactamente a la verdad. El éxito se ha quedado a la puerta de casa, no ha llegado a entrar ni en mis relaciones familiares ni en mis relaciones con el mundo. Cuando acabábamos de casarnos, nunca pude hacerle un regalo de cierto valor a mi mujer —qué sé yo, un collar o un abrigo de pieles—, aunque lo cierto es que Rosetta era del todo ajena a esos signos exteriores. No he llegado a hacérselos tampoco cuando he tenido la posibilidad de comprarlos sin que eso supusiera un sacrificio. Siempre he contemplado con cierto desapego los reconocimientos que he conseguido, e incluso con cierta ironía dirigida hacia mí mismo. Tuve la suerte de tropezarme siendo muy joven con los ensayos de Montaigne, que supusieron una lectura fundamental en mi vida. He llevado siempre conmigo una frase suya, durante todos estos largos años: «Recuerda que, cuanto más subas, más culo enseñarás.» Reconozco que en un solo aspecto el éxito me ha dado comodidad: me ha permitido disponer de una determinada cantidad de dinero que jamás habría soñado poseer. ¿Y qué he hecho con ese dinero? He comprado una casa para mis hijas y mis nietos, y otra para Rosetta y para mí, y además he tenido la tranquilidad de poder recurrir a ese dinero en caso de necesidad, que no es poco. Y una parte se ha destinado a ayudar a los demás.

No me considero un gran escritor. En Italia se tiene la ambición de levantar catedrales; a mí, en cambio, me gusta construir iglesias rurales pequeñitas y sobrias. Y con eso me basta. He escrito mucho: cuando cumplí noventa y un años, celebramos mi centésimo libro. Créeme, no hay una sola página que no haya escrito con absoluta sinceridad, movido por el único deseo de contar historias. Más que escritor, creo que soy cuentacuentos, es decir, una persona que extrae del placer de la narración todas sus posibilidades de expresión.

Como escritor, nunca he querido encerrarme en una especie de jaula de oro. La torre de marfil tan anhelada por algunos de mis colegas se me antoja un lugar inhabitable; en mis novelas, la política entendida como participación social nunca ha estado del todo ausente. He llegado incluso a recibir de algún lector mensajes de protesta por las ideas políticas que he prestado a Montalbano. Uno llegó a decirme que no tenía derecho a caracterizarlo así, puesto que el personaje ya no era mío, sino de los lectores.

Hacer política siempre me ha parecido un deber, pero nunca he querido ser político. Me explico. El obispo de Agrigento, en nombre de todos los obispos sicilianos, me comunicó un buen día que tenía intención de escribir una carta al presidente de Italia, Carlo Azeglio Ciampi, para solicitar que me nombrara senador vitalicio. Lo llamé por teléfono de inmediato, hablamos durante más de una hora y al final conseguí convencerlo de que desistiera de su propósito. Lo mismo sucedió un tiempo después, en el año 2000, cuando el por entonces coordinador de la Secretaría de los Demócratas de Izquierda, Pietro Folena, me propuso presentarme a senador por una circunscripción blindada, es decir, de elección segura. De nuevo en esa ocasión convencí a mi interlocutor de que cambiara de idea. Para mí, esas dos negativas respondían a un motivo muy concreto.

Sé que, para ejercer bien una labor política, hay que dedicarse a ella en exclusiva. Tenía la oscura certeza de que, en caso de aceptar, mi carrera de escritor se habría resentido inevitablemente. Sin embargo, no por ello me desentendí de la política. Cuando el director del periódico *Il Messaggero* me invitó a colaborar, empecé a escribir unos apuntes críticos sobre los usos y costumbres de los italianos de hoy y, tras pasar a la edición siciliana de otro periódico, *La Repubblica*, me ocupé en concreto de muchas cuestiones socioeconómicas de la isla. Mi principal labor como articulista la desarrollé durante la larga colaboración con el periódico *La Stampa* de Turín. Allí escribí también sobre política. A continuación, colaboré dos años con *L'Unità*.

Durante los distintos gobiernos de Berlusconi, mi esfuerzo llegó a su máximo apogeo. No sólo escribí ensayos en la revista *Micromega*, sino que, junto con mi amigo Paolo Flores d'Arcais, organicé manifestaciones públicas antiberlusconianas, siempre pacíficas. Consideré que participar en la vida política, lo repito, era mi deber de ciudadano. Por ese mismo motivo, intervenía en distintos programas televisivos.

Siempre he dado mi opinión con sinceridad, sin segundas intenciones, y espero que muchos espectadores hayan podido percatarse de esa actitud.

Hoy, dada mi avanzada edad y la ceguera que me aqueja, mi esfuerzo ha tenido que espaciarse, aunque no atenuarse, por mucho que me vea obligado a considerar casi ajena a mí la forma actual de hacer política. Puede que sea porque, ¿cómo decirlo?, me educaron mal. Los políticos que inmediatamente después de la liberación del país, al final de la Segunda Guerra Mundial, tomaron las riendas de Italia eran hombres a los que el fascismo había empujado al exilio, a la cárcel, al ostracismo, al silencio. Eran hombres como el democristiano Alcide de Gasperi, el liberal Luigi Einaudi, el comunista Palmiro Togliatti, los socialistas Pietro Nenni y Sandro Pertini o los miembros del Partido de Acción, Carlo Sforza y Ferruccio Parri; todos ellos habían empezado a dedicarse a la política antes de la llegada del fascismo y conocían a la perfección los valores de la democracia. Pero en aquel tiempo, aunque nos enfrentáramos, teníamos un ideal común: hacer resurgir a Italia de los escombros.

Quiero contarte un episodio muy poco conocido pero revelador. A finales de 1946, el presidente del Consejo de Ministros, Alcide de Gasperi, fue convocado a París para exponer ante los vencedores (los ingleses, los americanos, los franceses, los rusos, etcétera) cuáles eran los objetivos del gobierno italiano para los siguientes años. Bueno, pues la noche antes de su discurso se congregaron en su habitación de un hotel parisino los mencionados Togliatti, Nenni y Sforza. Cada frase que escribía De Gasperi la sometía a la opinión de los demás, que la modificaban, la corregían, añadían un adjetivo, quitaban otro... En aquella habitación, en aquel momento, no estaba sólo el democristiano De Gasperi, sino Italia entera. A la mañana siguiente, al salir del hotel, Carlo Sforza se percató de que el presidente del Consejo de Ministros llevaba una americana con los codos raídos, así que se quitó la suya y se la dio. De Gasperi se presentó ante los vencedores y empezó su discurso con esta frase:

—Tengo la sensación de que en esta sala todo, excepto su cortesía personal, está contra mí y contra el país que represento.

Pidió disculpas en nombre de Italia y, a partir de aquel día, las relaciones entre nuestro país y los vencedores cambiaron radicalmente.

Me parece importante que conozcas el contexto en el que han transcurrido estos noventa y dos años de mi vida. Los historiadores han llamado «Primera República» al período comprendido entre 1948 y 1994. En el 46, mediante un referéndum, se declaró el fin de la monarquía que hasta entonces había imperado en Italia y se convocaron unas elecciones libres que llevaron al Parlamento a quienes debían redactar la Constitución italiana. Los padres constituyentes hicieron un gran trabajo y, de hecho, nuestra Constitución se considera una de las mejores del mundo. Sin embargo, resultó que, en esencia, el partido mayoritario, que era la Democracia Cristiana, acabó dominando la Primera República, y entraron en política personas cuya educación se había desarrollado durante el fascismo. Por poner un ejemplo, recuerdo a Amintore Fanfani, una figura de primerísimo plano de la Democracia Cristiana que había sido nada menos que presidente de la Comisión de Costas Fascista, como también habían sido jóvenes fascistas otros altos exponentes del mismo partido. Así pues, la preponderancia de los democratacristianos se mantuvo durante cuarenta años, y hasta la década de los ochenta no hubo un primer gobierno socialista. ¿Con todo esto qué quiero decir? Pues que de inmediato quedó claro que se trataba de personas que no entendían la política del mismo modo que sus predecesores. Muchos de ellos no supieron atenerse a la regla básica de la honradez y la transparencia, que debe ser la guía de todo el que se dedique a la política. Era vox pópuli que en Italia existía una corrupción soterrada que afectaba a los partidos políticos. ¿Cómo se había vivido en aquellos años? Hasta finales de los cincuenta, todo el país colaboró en la reconstrucción. Al mismo tiempo, empezó un amplio movimiento de emigración interna del Sur al Norte. Fue entonces cuando comprendí lo profundamente racistas que eran los italianos. Cuando trabajaba en Turín, vi con frecuencia carteles en los portales de las casas que rezaban: NO SE ALQUILA A GENTE DEL SUR. A pesar de todo eso, a finales de los años cincuenta se produjo un *boom* económico, es decir, empezó un período de plena ocupación para los trabajadores y de bienestar para todos. Sin embargo, en la década siguiente un fenómeno desconocido hasta entonces desestabilizó Italia: se crearon las clandestinas Brigadas Rojas, grupos armados pertenecientes a la izquierda revolucionaria. Se creían una especie de vanguardia obrera, cuando en realidad eran, como los habría definido Lenin, sólo enfermos de infantilismo revolucionario. De hecho, la inmensa mayoría trabajadora no cayó en el engaño. Las Brigadas Rojas dejaron tras de sí un largo reguero de sangre: mataron a jueces, economistas, juristas y sindicalistas. Sus acciones culminaron con el secuestro de Aldo Moro, que ya había sido presidente del Consejo de Ministros y estaba a punto de formar un gobierno que quizá habría podido cambiar la suerte del país, un gobierno de democristianos con el apoyo del Partido Comunista. Un proyecto de ese tipo molestaba tanto a Estados Unidos como a la Unión Soviética. Así, Moro fue secuestrado y, tras casi dos meses de cautiverio, lo encontraron asesinado. Al mismo tiempo, nació en Italia la llamada «estrategia de la tensión». Había empezado a haber atentados terroristas en bancos, plazas, estaciones y trenes. Lo que pretendían era, en resumen, mantener el país en un estado de alarma constante con el objetivo de crear un terreno fértil para un giro autoritario.

En 1992, algunos jueces de Milán descubrieron un caso de corrupción: el presidente de una institución benéfica había cobrado un soborno para conceder una contrata. El aspecto más sorprendente era que no había aceptado el dinero para sí, sino para su partido, el socialista. Y sólo fue cuestión de tirar del hilo. Las indagaciones posteriores destaparon casos de corrupción de mayor gravedad que implicaban a casi todos los partidos y a figuras políticas de primerísimo orden. A ojos de la gente, la justificación aducida por los investigados, esto es, que se habían embolsado los sobornos en nombre de los partidos a los que pertenecían, no parecía suficiente. Empezó la investigación, seguida por la opinión pública como un gran escándalo y conocida como «Manos limpias». Durante los juicios desaparecieron algunos de los partidos que hasta aquel momento habían gobernado Italia, como la Democracia Cristiana, el Partido Socialista, el Partido Liberal o el Partido Republicano. Y con ellos, también llegó a su fin la Primera República.

Con la Segunda República, surgida de las cenizas de la primera, apareció un político completamente nuevo, Silvio Berlusconi, que había dado amplia publicidad a los procesos entablados contra los representantes de la vieja política mediante las televisiones de su propiedad. Berlusconi era un empresario dedicado principalmente a la construcción que se las había ingeniado para comprar casi todas las televisiones privadas y fusionarlas en un único conglomerado, que pasó a ser una fuerte competencia para la RAI. Para presentarse a las elecciones, Berlusconi tuvo que recurrir a una estratagema. Como disfrutaba de la concesión pública de las cadenas televisivas, por ley no habría podido ser candidato, por eso defendió, falsamente, que la concesión no se la habían dado a él, sino a su adlátere Fedele Confalonieri. A saber por qué, pero todos los partidos supervivientes hicieron la vista gorda y así Berlusconi, presentándose como el gran renovador, fue elegido con un enorme apoyo popular.

Sin embargo, como empresario tenía una buena cantidad de esqueletos en el armario que comenzaron a salir en cuanto asumió el poder. Empezaron a lloverle acusaciones de distinta índole, todas ellas relativas a su actividad empresarial. Entonces Berlusconi se defendió recurriendo directamente a su autoridad. Los ministros de Justicia que se sucedieron en sus gobiernos promulgaron leyes retroactivas que impedían que se persiguieran algunos delitos en los que estaba implicado. Fue un diluvio de leyes hechas a su medida. Después de muchos años, unos veinte, el apoyo a Berlusconi comenzó a decaer, aunque lo que lo obligó a dimitir fue el desastroso estado económico en el que se sumió Italia cuando empezó la crisis desencadenada por varias grandes quiebras bancarias sucedidas en Estados Unidos. El daño provocado por los distintos gobiernos de Berlusconi y el producido por el rebote de la crisis estadounidense dejaron a Italia sumida en una situación que recordaba a la vivida al final de la Segunda Guerra Mundial. Tuvieron que cerrar miles de fábricas y pequeñas industrias, y el paro, sobre todo entre las mujeres y los jóvenes, alcanzó cotas insostenibles. En esencia, sólo en este último año, en 2017-2018, ha empezado a vislumbrarse una recuperación, aunque todavía demasiado frágil.

Y eso, te lo confieso, es un remordimiento que llevo conmigo. Quiero decir que quizá, personalmente, habría podido hacer más para no dejaros un porvenir oscuro e incierto. Cuando he expresado ese pesar, ha habido quien me ha preguntado:

—Pero ¿tú qué podrías haber hecho?

En esos casos, mi respuesta ha sido contar un cuento que conozco gracias a un intelectual senegalés.

En la selva se declara un incendio enorme. Al poco tiempo, los animales se dan cuenta de que el fuego va a seguir creciendo y va a aniquilar la selva entera, y también a ellos si no huyen de inmediato. Escapan todos a la desesperada. El último en marcharse es el león, porque, al ser el rey de los animales, se siente en el deber de abandonar el último el lugar. Sin embargo, cuando está a punto de salir de ese infierno en llamas, ve a un pájaro diminuto, un colibrí, que vuela hacia la selva ardiente con una gota de agua minúscula en el pecho. Sorprendido, el león le pregunta:

—Pero ¿por qué vas hacia el incendio?

Y el colibrí, mostrándole la gota de agua, replica:

—Voy a cumplir con mi parte.

Pues eso, quizá tendría que haber hecho como el colibrí y no haberme resignado al incendio.

He apuntado al principio de esta carta lo que considero el fracaso, o el fracaso relativo, de la Unión Europea. El primero en poner encima de la mesa la hipótesis de una Europa unida fue, en 1922, el conde Coudenhove-Kalergi, que publicó un libro-manifiesto en el que proponía una unión basada en unos cimientos tecnológicos, más que políticos. En realidad, se trataba de una hipótesis bastante utópica. Mucho más concreto y realizable era, en cambio, el conocido como *Manifiesto de Ventotene*, que en los años 1941-1944 redactó Altiero Spinelli —un antifascista condenado al confinamiento por sus creencias políticas— con la colaboración de Ernesto Rossi. Spinelli apostaba por una auténtica federación de Estados —un poco en la línea de los Estados Unidos

de América— que tuviera un gobierno democrático, nombrado por un Parlamento consti-
tuido por representantes de todas las naciones
elegidos por sufragio universal. El gobierno
europeo, según Spinelli, debía dedicar en especial su atención a los problemas económicos de
la federación y a la política exterior. El manifiesto, que en un principio circuló en secreto
y despertó el interés de muchos intelectuales y políticos, se publicó a continuación en
un libro, todo ello clandestinamente, en 1944,
con edición e introducción del filósofo Eugenio
Colorni, que pocos meses después sería asesinado por los fascistas. Como ves, querida mía,
se trataba de una idea de Europa completamente opuesta a la expresada por Baldur von
Schirach en el 42, que me había aterrorizado.
En la primera posguerra fueron muchos los
políticos que empezaron a sentar las bases para
concretar lo que podía parecer una utopía. En
primera línea se encontraron hombres de ideas
políticas distintas, pero unidos por ese ideal: de
De Gasperi a Einaudi, pasando por Adenauer,
Brandt y tantísimos otros.

A finales del siglo XX por fin se pudo hablar
de una unidad europea, pero los países adhe-

ridos (entre ellos, Italia, Francia, Alemania, Bélgica, Holanda o el Reino Unido) no lograron ponerse de acuerdo sobre una Constitución común. Se opusieron sobre todo Francia y Holanda, y ése fue el pecado original de la Unión Europea, un pecado que determinaría una fragilidad sustancial, ya que una Constitución con un amplio respaldo es la verdadera columna vertebral de toda comunidad. En aquel momento, sin embargo, con tal de hacer realidad Europa, se prefirió dejar a un lado el problema, ampliar la unión a nuevos países y trabajar por la unidad monetaria.

Se decidió que la Unión Europea tendría una moneda única, controlada por un Banco Central Europeo con los criterios que habían regido hasta entonces para el marco alemán. Eso provocó de inmediato una gran dificultad para países como el nuestro, acostumbrados a una moneda débil, devaluada periódicamente. El primer país en no cumplir con la llamada «política de austeridad» fue Grecia, que en consecuencia quedó sometida por sus hermanos europeos a un severo régimen de restricciones. El efecto más dramático fue que, para pagar su deuda a Europa, Grecia tuvo literalmente que pasar hambre. Se sucedieron días trágicos en los que ese país estuvo al borde de la quiebra, sin que Europa relajara el rigor de los nuevos criterios de financiación pública. Para permanecer en el sistema monetario europeo, los griegos tuvieron que pagar un precio altísimo.

Y en ese momento, tengo que decirte, querida bisnieta mía, fue cuando me quedó claro que la Europa en la que vivíamos no había seguido en absoluto los ideales expresados en el *Manifiesto de Ventotene*. Al dejar morir a Grecia, Europa efectuaba en mi opinión un auténtico matricidio, puesto que toda nuestra cultura filosófica, literaria, científica y artística, de la cual aún hoy nos nutrimos, nació en Atenas y alrededores.

No creo que esta Europa pueda sobrevivir mucho tiempo si no cambia radicalmente muchas de sus leyes.

Por otro lado, el fenómeno actual de las migraciones ha hecho resurgir con fuerza los egoísmos nacionales. Algunos países, en especial los del Este, han suspendido el tratado de Schengen —que había derribado las fronteras para permitir una libre circulación de personas y mercancías desconocida hasta la fecha—, han levantado nuevos muros y han reforzado sus fronteras. Austria ha amenazado incluso con mandar carros de combate a Brennero, un pueblo fronterizo italiano. La crisis es muy grave y, por el momento, no parece tener solución posible.

¿Por qué te cuento esto? Porque no sé si, cuando tú leas estas líneas, Europa habrá desaparecido o si por fin habrá logrado la unidad. En el segundo caso, no tendría nada que decirte, me alegraría enormemente por ti y por todos los ciudadanos europeos. En el primero, en cambio, me haría feliz la idea de que fuerais los jóvenes los que reconstruyerais Europa a partir de nuevas bases, ya que, querida mía, a pesar de todas las buenas intenciones de los últimos años, las rivalidades nacionales han seguido existiendo y mostrándose aquí y allá en todo su esplendor. Ahora no hace falta casi nada para que esas rivalidades se transformen en un conflicto. El único factor positivo que reconozco en la Europa de hoy es que entre nuestras naciones ya no hay enfrentamientos bélicos y, por lo tanto, nunca podrá repetirse el horror de millones de muertos. Sólo por eso, los europeos tenemos, en mi opinión, el deber de superar todos los problemas, adversidades y situaciones que se interponen en nuestro camino hacia una Europa con un ideal común, una moneda común y una política exterior común frente al resto del mundo.

El 11 de septiembre de 2001 sucedió en Estados Unidos algo tan imprevisible, tan insólito, tan impensable que parecía sacado de una película de ciencia ficción. Grupos terroristas armados desviaron cuatro aviones comerciales que volaban hacia distintos destinos.

Uno de ellos se estrelló; otro se precipitó contra el Pentágono, el corazón del mando militar de Estados Unidos, y cada uno de los otros dos colisionó contra una de las torres gemelas del World Trade Center de Nueva York.

Esos atentados terroristas se atribuyeron a una organización islámica llamada Al Qaeda y liderada por Osama bin Laden.

(Pequeña digresión: un periódico italiano escribió que habían golpeado los símbolos de nuestra civilización. Al leer esas palabras, me sentí en el deber de contestar públicamente que yo, por mucho que reprobara esos actos disparatados, no reconocía esas dos torres como símbolos de nuestra civilización, ya que mis símbolos eran, a lo sumo, la Acrópolis de Atenas, el Coliseo y, quizá, la torre Eiffel. Me llovieron los insultos.)

Estados Unidos reaccionó como nunca hubiera debido reaccionar. Primero atacó Afganistán, donde creía que se había refugiado Bin Laden, y poco después Irak, país gobernado por el dictador Sadam Husein. Para justificar esta última invasión, el gobierno americano no dudó en recurrir a mentiras dignas de Pinocho. Su secretario de Estado mostró al mundo un frasquito con un polvo amarillento que hizo pasar por ántrax, una bacteria letal, asegurando que Husein disponía de él en grandes cantidades. En resumen, se presentó al líder iraquí como un peligro para toda la humanidad. Creo que en ese momento nació la «estrategia del miedo» de la que todos seguimos siendo víctimas. La Guerra de Irak concluyó al cabo de unos años con una victoria a medias de los americanos, pero dejó al descubierto un problema extraordinario: Husein, con su poder dictatorial, había logrado mantener unida a la población, formada en su mayor parte por dos grupos opuestos, los suníes y los chiíes. Su ejecución por ahorcamiento marcó la reavivación de los enfrentamientos entre esas dos facciones. Algunos años después, Estados Unidos decidió intervenir en Siria, donde otro dictador, Bashar al-Asad, reprimía con suma violencia a los miembros de la oposición. La intervención americana provocó la reacción de Rusia, Turquía y la Unión Europea, y sobre todo la inestabilidad geográfica, política y económica de Siria. Cuando los americanos decidieron no proseguir la guerra contra Al-Asad, dejaron libres en el campo de batalla a miles de guerrilleros que se les habían unido. De esa situación se aprovechó el autoproclamado califa Abu Bakr al-Baghdadi, que creó de cero un nuevo Estado no reconocido por nadie, un supuesto califato con dos bases principales, las ciudades de Mosul y Raqqa, una en Irak y la otra en Siria. A partir de ese momento, el califato declaró una guerra, que todavía dura, aunque sin que se entienda realmente contra quién lucha, ya que no sólo emplea el terrorismo contra ciudades europeas, sino que también comete actos sangrientos contra los propios musulmanes. Se trata de un terrorismo de lo más particular que pretende golpear el modo de vida occidental. Por otro lado, casi todos los terroristas son kamikazes, dispuestos a saltar por los aires detonando un cinturón forrado de explosivos y provocando así más muertos en el momento de suicidarse. Debido a ello, todos nos hemos convertido en víctimas de la psicosis del atentado, hasta el punto de que el nuevo presidente estadounidense, Donald Trump, ha dictado una serie de leyes que limitan o incluso niegan la entrada en Estados Unidos a los ciudadanos de determinado número de países árabes.

Tal situación, trágica de por sí, se ha visto agravada por el hecho de que amplias poblaciones de países en conflicto, en guerras tanto más crueles aún por ser fratricidas, buscan una escapatoria emigrando a Europa.

Asimismo, el África subsahariana está desde hace tiempo a merced de guerras tribales no se sabe hasta qué punto azuzadas por intereses europeos. Ya a finales de los años noventa, cualquier político agudo debería haberse dado cuenta de que, en cuestión de poco tiempo, decenas de miles de eritreos, keniatas, etíopes, nigerianos, sirios, afganos o iraníes llegarían como un torrente a toda Europa. Al tratarse en su inmensa mayoría de gente pobre, se ven obligados a cruzar el Mediterráneo en embarcaciones improvisadas y absolutamente precarias. Por eso, en pocas palabras, el Mare Nostrum empieza a estar, como decía un gran autor de tragedias griego, «plagado de cadáveres».

En estos últimos años, miles de hombres, mujeres y niños han perdido la vida, víctimas primero de explotadores infames y luego de los peligros de una travesía efectuada sin la más mínima precaución. Es cierto que Italia ha contribuido mucho al rescate en el mar de miles y miles de seres humanos, pero está pagando un precio enorme, porque su actuación se ha visto debilitada en todo momento por una turbia insensibilidad de Europa entera. Y no es sólo insensibilidad, sino incluso egoísmo explícito. Cuando se ha intentado asignar a cada país europeo una cuota concreta de migrantes, el rechazo ha sido general, con la excepción de Alemania, que por sí sola ha acogido a más de un millón de refugiados sirios. Creo que las razones que han impulsado ese rechazo a la acogida han sido dos. La primera, de orden económico: esa gente no tiene trabajo y, en una Europa en crisis, la llegada de millones de parados sólo puede aumentar el malestar en los países. En segundo lugar, me parece que desempeña un papel relevante un miedo irracional al otro. Además, con gran habilidad y recurriendo a la falsedad, los partidos de derechas han equiparado inmigración y terrorismo, lo que ha aumentado el nivel de miedo. Se trata, lo repito, de una falsedad ampliamente demostrada por los hechos. Es muy difícil que un terrorista se suba a una lancha neumática y se juegue la vida y, con ello, ponga en peligro el éxito de su misión. Se ha descubierto, en cambio, que más del noventa por ciento de los terroristas, entre ellos los que han actuado en Francia, en Inglaterra y en Bélgica, eran ciudadanos de esos países e hijos de gente que había emigrado muchos años atrás.

Así pues, el enemigo no viene de fuera con los inmigrantes, sino que está ya en el lugar donde ha nacido, ha crecido y se ha educado. Levantar muros significa encerrarse en casa con el mismo enemigo. Además, ¿a santo de qué damos con la puerta en las narices a quien huye de los horrores de la guerra y del hambre?

Los italianos hemos sido un pueblo de emigrantes, nos hemos dispersado por el mundo a millones, de Estados Unidos a Alemania, pasando por Bélgica, y sabemos lo mucho que cuesta abandonar tu país, a tus seres queridos y tus costumbres.

El otro eres tú visto en el espejo. El otro eres tú. Igual que eran otros los italianos emigrados.

Y no hay que tener miedo, ante todo porque no hay motivo y, además, porque esos migrantes a menudo contribuyen, y mucho, al crecimiento de un país.

Quiero contarte, a propósito de esto, una anécdota personal.

En 2001 decidí irme de vacaciones y pasé una semana en Viena, donde no había estado nunca. Me acompañaron Rosetta y Mariolina, nuestra hija menor. Una mañana decidimos ir al Museo de Historia del Arte. Nos detuvimos unos instantes frente a la famosa *Torre de Babel*, de Brueghel. Al cabo de un rato, sin ningún aviso previo, sentí como si un mazo pesadísimo empezara a oprimirme la cabeza. Abrí la boca y quise decirles a mi mujer y a mi hija: «Me encuentro mal», pero me salieron palabras carentes de sentido. En una fracción de segundo advertí con lucidez que estaba perdiendo la capacidad de hablar, y en ese preciso momento me estallaron todos los capilares del cerebro bajo la presión de aquel mazo. Empecé a echar sangre a chorros por la nariz, hasta el punto de que tuve que tragarme buena parte para no asfixiarme. Salimos y empezamos a cruzar el parque. Yo tenía ya la ropa empapada de sangre y la hemorragia nasal no parecía que fuera a detenerse, más bien al contrario. Entonces mi hija corrió a por un taxi y mi mujer me acompañó hasta la salida del parque y salió corriendo también ella en busca de auxilio. Me quedé solo. La gente, los afables y civilizados austríacos, pasaba por delante de mí y me miraba, pero nadie en aquella calle abarrotada se me acercó para preguntarme si necesitaba ayuda, e incluso algunos, al ver que seguía perdiendo sangre, se apartaban asqueados. Entonces fue cuando apareció ante mí un árabe, un vendedor de cachivaches, un mendigo, que llevaba en banderola una gran caja metálica. Se la quitó a toda prisa, la dejó en el suelo, hizo que me sentara encima y, con un pañuelo que sacó del bolsillo, trató de cortar la hemorragia, aunque no lo consiguió. Entonces me dijo en una lengua que no sabía, pero que entendí igualmente, que esperase allí un momento, se fue corriendo y volvió con una bufanda empapada en agua helada que utilizó para limpiarme la cara; trató de metérmela por las ventanas de la nariz para bloquear la hemorragia, y, aunque no lo logró, a cada poco me acariciaba la cara diciéndome palabras que entendí eran de ánimo. Al final llegó un taxi en el que iban Rosetta y Mariolina, me levanté, rebusqué en el bolsillo, encontré un billete de cincuenta mil liras y se lo ofrecí. Lo rechazó con muchísima dignidad y me dijo en italiano, ya que me había oído hablar con mi mujer y mi hija:

—Yo sólo amigo.

Recogió la caja y se marchó. Ése es el otro.

Cambio de tema y vuelvo a hablarte de la corrupción, que por desgracia sigue atenazando nuestro país y ha acabado afectando de nuevo a la política; no obstante, si antes la corrupción se justificaba como una financiación ilícita de los partidos, ahora ha pasado a ser una forma personal de embolsarse un dinerito inmerecido. Actualmente, por ejemplo, da la impresión de que las obras públicas tardan una eternidad en terminarse. Y resulta que se hace adrede para que los costes lleguen a triplicar o cuadriplicar lo presupuestado. Y luego, para más inri, sucede con frecuencia que un puente, un colegio o un paso elevado, inaugurados con mucha pompa tres meses antes, se desploman de repente porque los han construido con material de mala calidad.

También yo, de forma más modesta, he sido objeto de un intento de soborno. Un día se presentó en mi despacho de la RAI un productor discográfico para proponerme que incluyera una canción determinada como sintonía inicial de un programa de mucho éxito. Le contesté que llegaba tarde y que ya había tomado otra decisión. Al cabo de unos días, unos amigos me invitaron a cenar y me llevé una buena sorpresa al encontrarme sentado a mi izquierda a aquel productor, de cuya presencia nadie me había avisado. Durante la cena hablamos de distintos temas. Al volver a casa y quitarme la americana, descubrí en el bolsillo izquierdo un grueso sobre. Estaba seguro de que no era yo quien lo había puesto ahí. Lo saqué. Contenía quinientas mil liras en efectivo. Comprendí al instante que me lo había metido en el bolsillo el productor. Apenas pude contener la ira: me sentía ofendido, ofendido porque alguien hubiera podido considerarme una persona corruptible. Al día siguiente lo convoqué en mi despacho, le devolví el sobre y le rogué que no volviera a dar señales de vida.

Hubo otro caso, muy distinto, que me provocó un arrebato de rabia incontenible. El 21 de septiembre de 1986 había vuelto a mi pueblo para pasar unos días. Aquella noche de domingo, como había hecho un calor sofocante y por la tarde había caído una lluvia que había refrescado el ambiente, todo el mundo había salido a la calle como si hubiera una fiesta. Yo decidí ir a tomarme un whisky a un bar. Habían sacado las mesas y las habían colocado en la acera. Junto al bordillo había varios coches aparcados. Me asomé un momento al interior del establecimiento para pedir una bebida al camarero, y mientras estaba allí, en la puerta, observando a la gente que había salido a pasear, del interior del bar salió un conocido que me invitó a sentarme fuera para presentarme a su padre y a un amigo suyo. Acepté. Mientras él se dirigía a su mesa, yo metí un pie en el bar para ir a coger mi vaso, pero me detuve en seco al ver que todas las botellas dispuestas detrás de la barra empezaban literalmente a estallar; al cabo de un segundo oí una especie de rabioso ladrido de perritos y comprendí al instante que se trataba de disparos de metralleta. Salí y me di de bruces con un espectáculo increíble. Seis muertos yacían en el suelo, entre ellos el señor que me había invitado a su mesa, y decenas de heridos chillaban y gritaban. Me había topado con una matanza de la mafia. Entonces me asaltó esa rabia que no sé explicarme, volví a entrar en el bar y le pedí al hombre que estaba sentado detrás de la caja registradora que me diera el revólver que le había visto cuando había abierto el cajón. Se negó. Entonces, todavía presa de aquella furia incontrolable, me puse a chillar «¡Asesinos! ¡Cerdos!» y volví a salir. En cuanto puse un pie en la acera, me dispararon. Oí silbar las balas a mi alrededor y tuve los reflejos de tirarme al suelo detrás de un automóvil. Y así logré salvarme. La rabia era tal que temblaba de pies a cabeza y no conseguía hablar. El camarero trató de calmarme diciendo:

—Tranquilícese, no tenga miedo, ya ha pasado todo.

Pero no se trataba de miedo. Más bien creo que esa rabia se debía a que, para mí, cualquier forma de coartar la voluntad de los demás, ya sea mediante la corrupción o el empleo de las armas, constituye la ofensa más profunda que se le puede hacer a un hombre. Se le arrebata la posibilidad de decidir por sí mismo, y se lo priva de su bien más preciado: la libertad de pensamiento.

Y la mafia en Italia, mediante su estrategia del miedo, de la intimidación —piensa que las matanzas se repetían casi a diario—, estaba a punto de socavar las bases mismas del Estado.

Me dispongo ya a concluir esta carta.

No querría que te formaras una idea desencaminada de mí.

Yo también he cometido errores, yo también me he equivocado, aunque me he equivocado, créeme, sin saber que me equivocaba. A veces he metido la pata, pero cuando me he dado cuenta he pedido perdón.

Y también yo, sobre todo en mis años mozos, he dicho mentiras. Mentiras, cuidado, no falsedades. Luego dejé de hacerlo y decidí decir siempre la verdad, no por una cuestión ética, sino porque había tenido la oportunidad de comprobar que decir la verdad era el modo más práctico de salir de determinadas situaciones engorrosas. Mantener una mentira durante un período prolongado implica seguir mintiendo, lo que nos hace entrar en un laberinto tortuoso que parece no tener salida. La verdad, en cambio, es como un punto fijo. No permite ir más allá. Puede provocar situaciones de ruptura, puede desembocar en el final de una amistad o de una relación laboral, pero no te obliga a seguir sosteniendo esas explicaciones. La verdad es siempre una.

Otra idea equivocada que podrías hacerte al leer estas líneas es que la edad me ha vuelto bastante pesimista. No es cierto, no sufro el «humor negro del ocaso» al que aludía Alfieri. Creo que no siento ninguna añoranza por el tiempo pasado, nunca he dicho esa frase que está en labios de muchas personas de edad avanzada y que empieza por «En mis tiempos...», sino que más bien me parece que la vejez me está procurando cierto optimismo. Y es que creo en la humanidad, tengo fe en el hombre.

Hubo un filósofo del siglo XX que dijo que antes existían héroes que nos servían como modelo y que hoy ya no, puesto que el héroe del hombre actual ha pasado a ser precisamente el hombre corriente. Un hombre corriente que sabe que la derrota, el fracaso, puede esconderse a la vuelta de la esquina, pero que tiene plena conciencia de ello y, a pesar de todo, sigue adelante.

A los muchos jóvenes que acuden a mí en los últimos tiempos en busca de consejo les contesto que tienen un deber muy concreto: hacer tabla rasa con respecto a nosotros. Hoy nosotros somos muertos andantes. Muertos en el sentido de que nuestras ideas, nuestras convicciones, son de un tiempo que no tiene futuro, así que digo: «Dejad que los muertos entierren a los muertos.»

Los jóvenes poseen la capacidad de hacer borrón y cuenta nueva y de devolver a la política la ética perdida, tienen la posibilidad de dar un sentido distinto y nuevo a la vida en común, tienen la capacidad de hacer resurgir a nuestro país no sólo económicamente, sino infundiéndole la fuerza apasionada de un nuevo ideal. Estoy seguro de que mi confianza no se verá traicionada.

¿Qué más puedo decirte de mí? No estoy en condiciones de sugerirte nada sobre cómo vivir tu vida. A vivir la vida se aprende con la práctica.

He acabado por convencerme de que, en el momento de nuestro nacimiento, un hecho ajeno a nuestra voluntad, se nos entrega una hoja de papel invisible, una ficha, en la que está impreso todo nuestro futuro, la infancia, la juventud, la madurez, las enfermedades, las desgracias, la vejez, la muerte. Está todo escrito. A mí, por ejemplo, me ha tocado la ceguera a los noventa años. No ha sido nada fácil, en absoluto, podría haber decidido desentenderme de todo, incluido yo mismo, y en cambio, justo por esa confianza en el hombre y, en consecuencia, en mí, he sabido encontrar una forma de reaccionar. Tengo la misma postura ante la muerte: no me da miedo morir, simplemente me molesta sobremanera tener que dejar a las personas que más quiero.

¿Qué puedo añadir? He aprendido poquísimas cosas y voy a decírtelas.

La primera es que el lobo no es, como te han contado en los cuentos, malo. El lobo no es ni malo ni bueno; eso son sólo adjetivos que le colgamos sin que se entere siquiera; el lobo muerde solamente cuando tiene hambre. El hombre muerde no por hambre, sino por envidia, por celos, por rivalidades, y eso, a diferencia de lo que ocurre con el lobo, lo hace culpable.

Otra cosa que he aprendido es que, desde luego, dos más dos no siempre son cuatro; la experiencia me ha enseñado que dos más dos pueden ser tres, o incluso cinco. «¿Y eso qué significa?», te preguntarás. Bueno, ya te lo enseñará la vida. Por ejemplo, con frecuencia, al terminar un juicio, los que son absueltos o condenados te despiertan la duda de si realmente dos más dos suman cuatro.

Y aprovecho la oportunidad para contarte que nunca he sido capaz de expresar juicios absolutos sobre la conducta de nadie. Siempre he albergado muchas dudas. Hace mucho tiempo me citaron en el Palacio de Justicia de Roma, donde un secretario judicial me comunicó que me habían elegido por sorteo para formar parte de un jurado popular en un proceso penal. Me puse pálido.

—¿Puedo negarme? —pregunté.

—No, imposible.

Estaba a punto de echarme a llorar.

—Mire, es que yo no soy capaz de juzgar a nadie.

El secretario me miró y se encogió de hombros.

—¿Y yo qué quiere que le diga? No puede rehusar.

En ese momento se me saltaron dos lágrimas, y él me miró, sorprendido.

—Pero ¿de verdad le da tanto miedo juzgar a otra persona? —preguntó.

—Sí, no me veo capaz —le contesté—. Créame.

Entonces se apiadó de mí y me sugirió:

—Puede que haya una salida.

Me aferré a esas palabras como un náufrago se aferra a un trozo de madera.

—¿Cuál? Dígamela, por favor.

—¿Es usted empleado del Estado?

—No —contesté.

—Pues la salida sería ésta —explicó—: que mañana me traiga un certificado de un psiquiatra que afirme que no goza de demasiada salud mental. ¿Me explico?

—Se explica perfectamente —exclamé, exultante.

En cuestión de pocas horas encontré a un amigo psiquiatra, y al día siguiente me presenté ante el secretario judicial con el certificado médico y se lo entregué. Me miró y me dijo:

—Todo correcto.

Me despedí y me marché, aunque me quedé con las ganas de besarle las manos. Y desde entonces en los archivos judiciales consta que estoy loco.

Ya para acabar, lo último que he aprendido es que siempre debemos tener una idea —puedes llamarla también un ideal— y aferrarnos a ella con firmeza, pero sin sectarismo, escuchando siempre a quienes sostienen otras convicciones, defendiendo nuestras razones con determinación, explicándolas una y otra vez, e incluso, por qué no, llegando a cambiar de idea.

Recuerda que, derrotada o victoriosa, no hay bandera que no destiña al sol.

Y ahora háblame de ti.

Roma, agosto de 2017

ISBN: 978-84-9838-969-2
Depósito legal: B-21.561-2019
1ª edición, octubre de 2019
Printed in Spain
Impresión: Romanyà-Valls, Pl. Verdaguer, 1
Capellades, Barcelona

otros títulos